I Wish you the Best of Luck.

The Way to Find True Happiness

나를 기다리는 행복

아놀드 베네트 외 지음 | 김주영 편역

경영자료사

차례

제1장 이런 사람이 행복을 발견한다
    즐겁게 인생을 산다 14
    확고한 인생관, 방향감각을 갖고 있다 16
    정서적으로 안정되어 있다 18
    결단력과 행동력이 있다 20
    좋아하는 일을 갖고 있다 22
    행복한 부부, 끈끈한 우정을 갖고 있다 24
    감사하는 마음을 갖고 있다 26
    행운과 불행을 초월한다 28
    겸손함과 긍정적인 발상 30
    세 가지 조건을 잘 활용한다 32

제2장 이런 습관이 행복이 오게 한다
    모든 것을 소중히 여기는 습관 36
    매사를 자연스럽게 받아들이는 습관 38
    삶의 방식이 잘 정리되어 있다 40

무리하지 않는 습관 42
주위의 사람을 기쁘게 하는 습관 44
즐기면서 배우는 습관 46
자신이 처한 상황에 감사하는 습관 48
아침에 기분 좋은 말을 하는 습관 50
풍요로움을 나누는 습관 52
근검, 절약하는 습관 54

제3장 이런 마음이 행복을 발견한다
올바른 믿음을 가지고 있다 58
남의 장점을 솔직히 인정하는 마음 60
하찮은 것에 집착하지 않는다 62
용서하는 마음 64
따뜻한 마음을 지녔다 66
두려워하는 마음을 극복했다 68
지나치게 걱정하지 않는다 70

제4장 이런 처세가 행복을 발견한다
첫인상을 중요시한다 74
처음 만남, 4분에 결정된다 76

상대가 기뻐할 일을 생각한다 78
호의와 친근감을 나타낸다 80
감정적인 말투는 사용하지 않는다 82
남을 배려할 줄 안다 84
기본과 원칙을 지킨다 86
경청할 줄 안다 88
자기 자신을 이긴다 90
자신을 사랑하듯 상사를 사랑한다 92
허세를 부리지 않는다 94
성실하다 96

제5장 이렇게 노력하면 행복을 발견한다
실현 가능한 목표를 세운다 100
자신의 숨어있는 능력을 개발한다 102
시대의 트렌드를 탈 줄 안다 104
절대적인 가치를 위해 노력한다 106
실패는 귀중한 소프트웨어 108
에너지가 넘친다 111
현명한 선택을 한다 113
열심히 일한다 115
시간을 아낀다 117

자신의 분야에서 최고가 된다 119
자기의 분야에서 전문가가 된다 121
열망을 가지고 있다 123

제6장 이런 업무 스타일이 행복을 발견한다
하루를 보람있고 즐겁게 126
지금 당장 쓰지 않는 것은 버려라 128
밝고 적극적인 말씨를 사용한다 130
부정적인 언어는 사용하지 않는다 132
행복이 찾아오는 사무실 환경 134
책상 서랍과 메일 관리 136
소지품이 비즈니스 성공을 좌우한다 138
매일 5분씩 「생각하는 시간」을 갖는다 140
우선순위를 정하여 일을 처리한다 142
매일매일 충실하게 산다 144

제7장 좋아하는 일을 할 때 행복이 찾아오는 이유
에너지가 넘친다 148
잠재력이 발휘된다 150
지금 이 순간을 산다 152

사람들이 도와준다 154
만족한 마음이 든다 156

제8장 이런 사람들은 행복을 발견하지 못한다
돈에 대해 진지하게 생각하지 않는다 160
필요한 지식을 배우려 하지 않는다 162
일찍 포기한다 164
돈에 대한 장기적인 안목이 없다 166
전략과 행동력이 없다 168
일을 나중으로 미루는 버릇이 있다 170
인도해 줄 스승이 없다 172

제9장 행복을 발견하지 못했을 때의 상황
돈이 주인이 된다 176
자신의 시간을 마음대로 쓸 수 없다 178
돈을 둘러싸고 일어나는 부부간의 긴장감 180
대화가 없는 가정 182
우정의 힘을 자각하지 못한다 184
꿈과 설렘이 없는 지루한 인생 186
평상시 돈에 대한 걱정과 노후 불안 188

제10장 이렇게 하면 일상에서 행복을 느낀다
    자신을 변화시켜 본다 192
    우러러 보는 사람을 만난다 194
    가장 소중한 것을 찾는다 196
    용기있는 사람이 된다 198
    자신을 발견한다 200

제11장 행복은 이런 단계로 발견하게 된다
    좋아하는 일을 직업으로 삼을 때 204
    시대의 흐름을 안다 207
    사회 구조를 안다 209
    돈을 열심히 번다 210
    돈을 생산적으로 쓴다 212
    돈을 지키는 방법을 안다 214
    돈을 불린다 216
    받아들인다 218
    맛보고 감사한다 220
    자신도 부자가 될 수 있다고 믿는다 222
    서로 나눈다 224
    비즈니스를 소유한다 226
    좋아하는 일을 비지니스로 삼는다 228

인간 심리를 배운다 230
재능과 풍요로움을 서로 나눈다 232

에필로그 : 자신이 가진 것을 모두 걸어라 235

제1장
이런 사람이 행복을 발견한다

즐겁게 인생을 산다

가능한 자신이 좋아하는 일을 하라.
그러면 일도 잘되고 행운이 따라온다

행복을 찾는 사람들의 첫 번째 특징은 정말로 즐거워 보인다는 것입니다. 만나보면 금방 알 수 있습니다. 그 사람들에게는 뭐라 표현할 수 없는 즐거운 분위기가 있습니다.

행복을 찾는 사람들은 자신이 좋아하는 일을 하며 일생을 보내고 있기 때문에 인생이 즐거울 수밖에 없습니다. 그들과 만나서 대화를 해보면 상대방의 기분마저 좋아집니다. 따라서 상대도 좋은 일만 하게 되고 행운을 부를 수밖에 없는 것입니다.

행복을 찾는 사람들은 좋아하는 일을 하고 있기 때문에 재미있는 경험도 많이 합니다. 이들이 어떤 이야기를 하더라도 즐거워 보이니 듣는 사람까지 동화되어버립니다.

행복을 찾는 사람들의 인생관은 한 가지만은 철저합니다.

오직 자신이 좋아하는 일만 한다는 것입니다.

　그들은 스스로 인생 체험을 통해서 싫어하는 일을 하는 것만큼 불행한 일은 없다는 것을 잘 알고 있기 때문입니다. 그들은 자신이 싫어하는 일을 하면서 인생을 보내는 것은 바람직하지 않다고 생각하고 있습니다.

　그들은 말합니다. 길지도 않는 인생에서 '가능한 자신이 좋아하는 일을 하라. 그러면 일도 잘 되고 행운이 따라 온다고.'

 인생이란 책임이라는 말 이외에는 의미가 없다.

- R. 니부르 〈신앙과 역사〉에서 -

확고한 인생관, 방향감각을 갖고 있다

자신이 좋아하는 일을 하면서 풍요로움을 얻고 기쁨과 즐거움,
그리고 행복을 친구와 가족에게 나누어 갖기를 원합니다.

행복을 찾는 사람들은 확고한 인생관을 갖고 있습니다.

그들 중에는 종교적인 가치관을 가진 사람도 있습니다. 자신이 믿고 있는 신이 무엇이든 지간에 그 신과 비슷한 사고를 하고 있습니다. 그러기에 그들은 행복을 부르면 행복이 오는 것입니다.

행복을 찾는 사람들은 인생에서 자기에게 주어진 재능을 살리고 가족이나 친구와 사이좋게 잘 지내는 것을 무엇보다도 소중하게 생각하고 있습니다.

'인간은 무엇을 위해 사는가? 살아온 인생이나 경험을 토대로 끝까지 파고들다 보면 어느 새 그 해답에 도달할 것 같습니다. 그들은 그 해답을 알고 있습니다.

행복을 찾는 사람들은 자신의 재능을 개발해 그 혜택을 자

기 주위에 나누어주는 것이 인생의 목적이라고 생각합니다.

자신이 좋아하는 일을 하면서 풍요로움을 얻고 기쁨과 즐거움, 그리고 행복을 친구와 가족에게 나누어 갖기를 원합니다. 그러니 행운이 따라올 수밖에 없는 것이지요.

행복을 찾는 사람들은 인생의 방향성과 목표를 종종 재확인합니다. 자신 뿐만 아니라 자신의 부부나 가족들이 어떤 인생을 사는지 항상 알아봅니다.

자신이 왜 그 일을 하고 있는지 끊임없이 되묻습니다.

 인생은 너무나 중대하여 심각하게 말해야 한다.

- D.와일드 〈윈더미어 부인의 부채〉에서 -

정서적으로 안정되어 있다

정서적으로 안정되어 있다는 것은
인생의 행복에서 참으로 중요한 요소입니다.

정서적으로 안정되어 있다는 것은 인생의 행복에서 참으로 중요한 요소입니다.

행복을 찾는 사람들도 사업을 하면서 힘든 일을 많이 겪습니다. 그들도 쓰디쓴 실패를 맛보기도 합니다. 그러나 사소한 일에는 흔들리지 않는 성격을 갖고 있습니다. 그들은 정서적으로 불안정한 것이 사업에 실패를 가져다 주고 가족의 행복을 파괴하는 일을 많이 보아왔기 때문에 감정을 정리하기 위해 많은 노력을 기울입니다.

행복을 찾는 사람들 중에 세일즈에 종사하는 사람들은 사람들이 충동적으로 돈을 쓴다는 것을 잘 알고 있습니다.

보통 사람들은 기분 전환을 위해 돈을 쓰지만 행운을 부르는 사람들은 기분전환을 위해 다른 방법을 찾지 결코 소중한 돈을 낭비하지 않습니다.

　행복을 찾는 사람들은 자신의 분수를 알기 때문에 돈을 많이 벌 수 있다는 허황된 꿈에 현혹되지 않습니다.

　행복을 찾는 사람들은 자신의 야심도 잘 컨트롤 하기 때문에 갑작스럽게 사업을 확대해서 크게 손해 보는 일은 하지 않습니다. 인생의 실패가 대부분 감정적인 미숙함에 온다는 것을 체험적으로 잘 알고 있습니다.

　그들은 직원이나 거래처로부터 어떤 경우에도 믿을 수 있다는 절대적인 신임을 받고 있습니다.

　행복을 찾는 사람들은 성실하고 안정적인 감정으로 친구나 가족과의 관계도 잘 이끌어갑니다. 어떤 어려운 일을 만나도 상대방의 마음을 먼저 헤아려주는 능력이 있기 때문에 사랑을 받으며 행복을 찾아오는 것입니다.

 모든 사람의 운명은 자기 성격에 의해 만들어 진 것이다.

-C. 네프스 〈아티쿠스〉에서-

결단력과 행동력이 있다

실패하는 공포와 마주서지 않으면
모든 일을 결정하는 것도 행동하는 것도 불가능합니다.

 행복을 찾는 사람들의 특징으로 결단력과 행동력을 들지 않을 수 없습니다. 그들의 대부분은 결단력이 아주 빠릅니다.

 결단력이란 무엇을 정하고 다른 선택을 버리는 것을 말합니다. 무언가 결단을 내려야 할 때 많은 사람들은 지금 결정하지 말고 두고 생각해 보자고 미룹니다. 그러나 결정을 나중으로 미룬다는 것은 결국 아무것도 정하지 않기로 결정했다는 것을 의미합니다.

 행동력이란 하고자 마음먹었을 때 바로 해내는 힘을 말합니다. 해야지 하고 마음먹었을 때 몸이 움직이는 것, 그것이 바로 행동입니다.

 많은 유능한 사람들이 자기 사업을 시작하지 못하는 것은 행동력이 없기 때문입니다. 머리 회전도 빠르고 사업을 구상하고 꾸려나가는 능력이 탁월함에도 불구하고 그 꿈을 가슴에 묻고 샐러리맨 생활을 지속하는 것은 대부분 행동력이 없기 때문입니다.

아무리 멋진 아이디어를 갖고 있어도 행동하지 않으면 아무 것도 할 수 없습니다. 많은 젊은이들이 어려서부터 정답을 찾는데 익숙해 있습니다.

인생에서 특히 사업에서 정답은 없습니다. 자신이 가고 싶은 길과 그러지 않은 길 중 한 가지 밖에 없습니다. 힘든 것을 두려워하다가는 아무 것도 할 수 없습니다.

인생에서 실패하지 않으면 배울 수 있는 것이 별로 없습니다. 실패하는 공포와 마주서지 않으면 모든 일을 결정하는 것도 행동하는 것도 불가능합니다.

행복을 찾는 사람들은 행운을 위해 위험을 무릅쓰고 앞을 향해 도전하는 사람들입니다.

 모든 운명은 그것을 인내함으로 극복해야 한다.

-베이컨 〈학문의 진보〉에서-

좋아하는 일을 갖고 있다

일이 어떤 분야이든 그 속에 그들의 인생에 대한
사랑, 정열, 기쁨 그리고 모든 것이 결집되어 있습니다.

행복을 찾는 사람들은 대부분 자신이 좋아하는 일을 갖고 있습니다. 그들에게 있어서 일이란 살아가는 증거와 같은 것입니다. 그들이 하는 일이 어떤 분야이든 그 속에 그들의 인생에 대한 사랑, 정열, 기쁨 그리고 모든 것이 결집되어 있습니다.

그들은 인생을 송두리째 쏟아부었기 때문에 그 비즈니스 또한 거기에 화답하여 그들에게 모든 것을 주고 있는지 모릅니다.

그들의 비즈니스는 그들에게 단순한 사업이 아닙니다. 그들에게는 비즈니스는 사랑의 표현입니다. 본 적도 없는 고객을 제품으로 또는 서비스로 기쁘게 하고 즐겁게 해주고 싶다는 그들의 애정표현이 비즈니스를 통해 드러나는 것뿐입니다.

　이런 사업이 잘 되지 않을 리가 없지요. 또한 이런 사람들에게 행운이 따라오지 않을 수가 없는 것입니다.

　자신의 일을 사랑하고, 그 일을 통해서 고객을 즐겁게 해주고 또한 거기서 얻은 풍요로움을 주위 사람들에게 나누는 그들이 행복을 부르는데 행복이 찾아오지 않을 리가 없지요.

 인생이란, 열정으로 불태워진 하나의 거대한 뒤죽박죽의 덩어리다.

-니 벳티 〈도망자〉에서 -

행복한 부부, 끈끈한 우정을 갖고 있다

행복을 찾는 사람들은 힘들 때에도 함께 극복하는 팀워크를 발휘했기 때문에
지금까지 행복한 부부로 살고 있는 것이다.

　행복을 찾는 사람들의 집에 가보면 항상 웃음소리가 들립니다. 항상 가족과 즐거운 시간을 보내고 있습니다. 손님도 가족처럼 따뜻하게 맞아줄 것 같은 분위기입니다.
　이들은 부부 단위로 사회와 잘 연결되어 있습니다.
　지금의 풍요로움이나 자유를 부부 중에 어느 한쪽이 이루었다고 생각하지 않습니다.
　남편이 일을 하고 부인이 전업주부라 할지라도 두 사람이 함께 이루었다고 생각합니다.
　영국에서 사는 사람들 중 행복을 찾는 사람들의 노부부는 거의가 30년을 함께 살아온 사람들입니다.
　그들에게 "결혼생활이 어떻습니까?" 하고 물으면 그들은 한결같이 "30년을 함께 살아도 매년 새로운 기분이 들어요."

하고 대답합니다.

    행복을 찾는 사람들은 힘들 때에도 함께 극복하는 팀워크를 발휘했기 때문에 지금까지 행복한 부부로 살고 있는 것이지요. 그래서 사랑으로 이루어진 그들의 단단한 끈이 행복과 풍요로움을 불러왔다고 믿고 있습니다.

 아내와 자녀를 사랑하지 않는 자는 집안에 암사자를 기르고, 슬픔의 둥지를 품고 있는 것이다.

-J.테일러 〈설교집〉에서 -

감사하는 마음을 갖고 있다

감사하는 마음을 가지면 기분도 좋아지고
행운이 따르고 무슨 일이든 성공할 수 있습니다.

행복이란 '운'이라고 바꾸어 말할 수 있습니다.

많은 사람들은 행복을 불확실하고 부정확한 것으로 도저히 믿을 수 없는 것이라고 말합니다.

그래서 이렇게 말합니다.

"행복을 잡는 사람들은 다 하늘이 정한다."

"운이 있는 사람은 끝까지 일이 잘 풀리고 운이 없는 사람은 아무리 애를 써도 되는 일이 없어."

이런 말들이 어쩌면 일리가 있으며, 누구나 그렇게 생각할 수 있습니다.

그러나 행복은 결코 우연의 산물이 아니며 선택받은 특수한 사람만이 누리는 것은 결코 아닙니다.

행복을 찾는 사람들은 모두 스스로 그 행복을 만든 것입니다.

    자신이 운이 좋다고 생각하는 성공한 많은 사람들에게는 공통적인 것이 있습니다. 그들은 남과 똑같은 상황에서도 남보다 더 많이 감사할 줄 아는 사람들이었습니다.

    같은 상황에서 감사할 줄 아는 사람과 그렇지 않은 사람의 인생에는 오랜 세월이 흐른 후에는 많은 차이가 있음을 알 수 있습니다.

    감사하는 마음을 가지면 기분도 좋아지고 행운이 따르고 무슨 일이든 성공할 수 있습니다. 감사를 모르고 항상 불만, 불평하는 사람은 실패할 수 밖에 없습니다.

    행복은 기적이나 우연히 오는 것이 아니라 그 사람의 마음이 부른 것입니다. 행복을 찾는 사람들은 항상 감사하는 습관이 있습니다.

 감사의 마음은, 얼굴에 추가한 아름다움의 훌륭한 끝손질로서, 고전적인 미와 천사다운 순결을 성품에 부여한다.

-T.파커 〈설교〉에서-

행운과 불행을 초월한다

초월하면 모든 것을 담담하게 받아들일 수 있는 것입니다.
그 때 나에게 진정한 행복이 찾아옵니다.

'운이 좋다.'는 것과 '운을 지배한다.'는 것과는 근본적으로 차이가 있습니다.

'운이 좋다는 것'은 로또 복권에 당선된 것과 같은 일로 인간의 의지나 노력이 개입되지 않은 경우입니다. 이것은 수동적인 것입니다.

그러나 '운을 지배했다는 것'은 필연의 힘을 발휘하는 경우입니다. 그렇게 되기를 바라는 욕구와 그렇게 되도록 끊임없는 노력, 사전 준비 작업 등 능동적인 것입니다.

씨를 뿌리고 비료를 준 다음 그렇게 기른 결과인 열매를 맺는 것과 같습니다.

쉬지 말고 노력하는 것입니다. 할 일을 다 하고 하늘의 뜻을 기다리는 것입니다. 사람이 할 수 있는 일, 해야 할 일을 다 하는 것. 이것이 운을 지배하는 것입니다.

물론 하늘에서 보면 모든 것이 정해 있을지 모릅니다. 그런 것은 사람이 판단할 일이 아닙니다.

만일 그렇다면 행운이 닥치든 불운이 닥치든 '이것은 무엇을 시사하는가?' '이것으로 무엇을 할 수 있는가?' 하고 그 메시지를 정확히 읽어내면 됩니다.

그렇게 생각하면 행운과 불운을 초월할 수 있습니다. 초월하면 모든 것을 담담하게 받아들일 수 있는 것입니다.

그 때 나에게 진정한 행복이 찾아옵니다.

 우리는 과거의 불행을 변명하려고 사는 것이 아니라, 현재의 불행을 구제 불능한 것으로 승인하려고 사는 것도 아니다.

-F.오즈번 〈지구의 세계〉에서-

겸손함과 긍정적인 발상

부정적인 발상에 젖은 사람은
자신의 잠재의식이 원하는 대로 쓸모 없는 사람으로 변합니다.

행복을 찾는 사람들은 행복이 찾아오도록 생각하고 기대합니다.

이 행운을 부르는 생각이란 긍정적인 발상을 의미합니다.

행운의 여신을 부르는 핵심은 겸손과 긍정적인 발상입니다.

최근에 긍정적인 생각이 너무 쉽게 이용된 감이 있어서 본질이 흐려진 느낌도 없지 않지만 부정적인 생각보다는 훨씬 바람직한 것입니다.

부정적인 발상에 젖어 있는 사람과 함께 있으면 자신도 힘이 빠지고 도망가고 싶은 마음까지 듭니다.

미국의 모 유명한 기업인은 이렇게 말했습니다.

"이 세상에서 일어나는 일의 대부분은 능력과 열의와 발상의 축적물이다. 발상이 어떠냐에 따라 긍정적으로도 되고 부정적으로도 된다."

발상과 성격은 결과에 큰 영향을 미칩니다.

'나는 운이 없는 놈이야.'

'나는 틀렸어.'

'나는 가망이 없어.'

스스로 이렇게 생각하면 남이 아무리 용기를 주어도 소용이 없습니다.

운이 좋고 나쁘다는 판단은 이 세상에 어느 누구도 내릴 수 없습니다.

'나는 운이 좋다.'고 생각할 수 있는가, 그럴 수 없는가 하는 두 종류의 사람만 있을 뿐입니다.

확실하게 말할 수 있는 것은 '운이 좋다'고 생각하는 사람에게만 행운의 여신이 다가온다는 사실입니다.

부정적인 발상에 젖은 사람은 자신의 잠재의식이 원하는 대로 쓸모 없는 사람으로 변합니다. 쓸모 없는 사람은 쓸모 없게 되는 것이 아니라 스스로 원해서 쓸모 없어지는 것입니다.

 네가 비참하다고 생각지 않는 한 비참한 것은 없다.

-보에티우스 〈철학의 위안〉에서-

세 가지 조건을 잘 활용한다

인생은 첫 번째 조건만으로 결정되지 않습니다. 그 뒤의 노력, 열의, 의지 등 발상과 행동에 따라서 얼마든지 달라질 수 있는 것입니다.

우리는 세상을 살면서 세 가지 조건에 영향을 받습니다.

첫째 조건은 소질을 말합니다. 남자로 태어난 것, 영국인으로 태어난 것, 그리고 어떤 재능이나 감성을 가지고 태어난 것 등이 첫째 조건에 해당됩니다.

두 번째 조건은 환경을 말합니다. 부자의 아들로 태어난 것, 가난한 농부의 아들로 태어난 것 등입니다.

세 번째 조건은 어떤 사람을 만나는가 하는 것입니다.

인생은 이 세 가지의 조건의 곱으로 구성되어 있습니다. 각 조건의 점수가 10이라면 곱은 1천점이 되는 것입니다. 첫 번째 조건과 세 번째 조건이 너무 나빠서 0점이라면 당연히 곱도 0점입니다. 두 가지 조건이 아쉬운 대로 5점이면 곱은 250점이 되는 셈입니다.

남자가 여자가 되는 것은 불가능하기 때문에 첫 번째 조건은 출발점입니다. 따라서 어디까지 성장하는가 하는 것은 두 번째 조건에 달려있습니다.

인생은 첫 번째 조건만으로 결정되지 않습니다. 그 뒤의 노력, 열의, 의지 등 발상과 행동에 따라서 얼마든지 달라질 수 있는 것입니다.

어느 순간에 삶이 바뀌어질 기회를 만날지 아무도 모릅니다. 행운은 하늘이 내린 것이기도 하지만 스스로 창조하는 것이기도 합니다.

자신의 인생은 자신이 책임져야 합니다. 성공도 실패도 모두 자신의 책임입니다.

삶이 막막할 때 남에게 조언을 구할 수 있지만 판단은 스스로 해야 합니다.

 불행과 행복은 자기가 구하지 않는데도 찾아오는 일은 없다.

-맹자-

제2장
이런 습관이 행복이 오게 한다

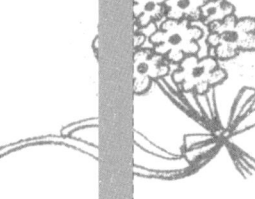

모든 것을 소중히 여기는 습관

행복을 찾는 사람들이 소중하게 여기는 것은 물건만이 아닙니다.
그들은 인생에서 접하는 모든 것을 소중히 여기는 마음을 가지고 있습니다.

 행복을 찾는 사람들은 무엇이든 소중히 여기는게 습관화되어 있습니다. 오래된 물건이라도 필요한 것은 반드시 수리를 해서 사용하며 하찮은 물건도 버리지 않고 끝까지 사용합니다. 그런 모습을 보면 보통 사람들은 구두쇠라 말하기도 합니다.

 행운을 부르는 사람들은 구두쇠가 아니라 자신의 주변에 있는 것을 소중히 여길 뿐입니다.

 행복을 찾는 사람들이 소중하게 여기는 것은 물건만이 아닙니다. 그들은 인생에서 접하는 모든 것을 소중히 여기는 마음을 가지고 있습니다.

 인생에서 소중한 것, 즉 배우자, 친구, 시간, 돈 등이 그들이 귀하게 여기는 것입니다.

행복을 찾는 사람들은 우선 사람을 소중히 여깁니다. 그들은 자신의 집에서 일하는 파출부나 운전사에게도 온화하게 대하며 그들로부터 많은 존경과 충성을 받습니다.

행복을 찾는 사람들과 교제를 하다보면 그 사람이 자신을 소중하게 여겨지고 있다는 것을 느끼게 됩니다.

그들은 모든 사람을 소중한 친구처럼 대합니다. 그들은 만남을 감사하고 인연을 소중히 여깁니다.

행복을 찾는 사람들은 또한 시간을 소중히 여깁니다. 그들은 시간이 인생에서 가장 소중한 재산이라는 것을 잘 알고 있기 때문입니다. 그들의 시간개념은 명확합니다. '누구나 할 수 있는 일은 하지 않는다. 따라서 자신에게 주어진 시간은 자신만이 할 수 있는 일과 좋아하는 일을 한다.'

행복을 찾는 사람들은 돈을 소중히 여깁니다. 그들은 보통 사람들이 1천 파운드를 쓸 때의 신중함으로 1 파운드를 씁니다. 그들은 투자할 때에도 신중합니다.

 습관은 일종의 제2의 천성이 된다.

-키케로 〈한계론〉에서-

매사를 자연스럽게 받아들이는 습관

성공의 열쇠는 자기 인생에서 일어나는 여러 가지 신호를 읽고 풀어나가는
힘을 기르는 것이라고 말합니다.

행복을 찾는 사람들은 인생에서 일어나는 일들을 매우 자연스럽게 받아들입니다. 예를 들면 여행을 계획하고 항공권을 구입했는데 항공사의 사정으로 여행이 취소되었다는 연락을 받고도 화를 내거나 항공사에 항의하는 일을 하지 않습니다.

보통 사람들 같으면 흥분할 만한 일이지만 행복을 찾는 사람들은 '요즘 바빠서 쉬지도 못했는데 잘 되었네.' 하면서 미안해하면서 사과 전화 하는 항공사 직원에게 '괜찮다'고 말합니다.

그래서 집에서 쉬고 있는데 친구가 근처에 볼 일이 있어 온 김에 들렀다고 하면서 서로 대화를 하는 가운데 뜻밖에도 사업의 아이템 한 가지를 얻는 기회를 갖게 된 것입니다.

행복을 찾는 사람들은 이것을 우연이라고 생각하지 않습니다. 필연으로 받아들이는 것입니다. 그래서 기대했던 여행이 취소되어도 화를 내지 않는 것입니다. 그런 사건 속에도 의미가 있다고 생각합니다. 그래서 자연스럽게 받아들이는 것이지요.

이런 우연을 동시발생의 중요한 사건으로 보며 행운을 부르는 사람은 이런 것들을 일상생활에서 많이 체험하고 있습니다.

이런 우연을 눈앞에서 놓치지 않는 감성을 갖게 되면 행운을 얻는 것은 잠깐 사이의 일이지요. 그들의 성공 열쇠는 자기 인생에서 일어나는 여러 가지 신호를 읽고 풀어나가는 힘을 기르는 것이라고 말합니다.

 시련 속에서의 침착과 용기는, 성공을 확보하는데에 군대보다 더 낫다.

-J. 드라이든 〈오랭지브〉에서-

삶의 방식이 잘 정리되어 있다

자기 인생에서 항상 체크하지 않으면 자신이 깨닫지 못한 동안에 인생에서
가장 중요한 것을 잊고 살게 됩니다.

행복을 발견하는 사람들은 여러 가지 면에서 정리와 정돈이 잘 되어 있습니다. 집안뿐만 아니라 삶의 방식이 정리되어 있습니다.

자신이 무엇을 바라고 있으며 무엇이 필요한지를 분명히 알기 때문에 불필요한 물건을 주변에 두지 않는 것입니다.

반대로 행운이 따르지 않는 사람들은 더 이상 필요 없는데도 버리지 못하여 쓸데없는 물건을 많이 갖고 있습니다. 더 이상 입지 않을 옷과 어디서 받았는지도 모르는 경품, 누구의 결혼식에서 받았는지도 모르는 식기, 그리고 무엇보다도 자기가 하지 않아도 될 일에 매달려 생활하고 있습니다.

보통 사람은 인생에서 우선 순위를 생각하지 않고 닥치는 대로 생활합니다. 행운을 부르는 사람들은 자기 인생의 우선

순위를 항상 조사하는 습관이 있습니다.

우리는 바쁜 생활에 쫓기면서 '왜 사는가? 라는 생각조차 하지 못하고 살아가고 있습니다. 마음의 평안, 가족의 건강, 우정, 일 등 소중한 것은 대부분 눈에 보이지 않는 것입니다.

자기 인생에서 항상 체크하지 않으면 자신이 깨닫지 못한 동안에 인생에서 가장 중요한 것을 잊고 살게 됩니다.

 잘못 디딘 한 발자국은 다시 회수할 수 없다는 것을 명심하라.

-T.그레이 〈귀여운 고양이의 죽음에 부쳐〉에서-

무리하지 않는 습관

자신이 하고 싶은 일은 하지만 하기 싫은 일은 하지 않습니다.

행복을 발견하는 사람들은 어떤 일이 있어도 무리하게 하지 않습니다.

보통 사람들은 안 하는 것보다는 하는 것이 좋을 것 같아서 일을 하기 때문에 강한 의지나 독한 마음이 필요합니다.

그러나 행복을 발견하는 사람들은 강한 의지가 필요치 않습니다. 자신이 하고 싶으면 하고, 하기 싫으면 하지 않으면 되니까요.

보통 사람들은 하기 싫은 일도 할 수 있도록 교육을 받아왔습니다. 또한 그렇게 하도록 훈련을 받아왔으며 그것이 습관이 되어버렸습니다.

행복을 발견하는 사람들은 자신에게 관대하여 자신이 하고 싶은 일은 하지만 하기 싫은 일은 하지 않습니다. 따라서 자신이 좋아하는 일은 머뭇거리지 않고 열심히 잘 합니다. 즐거우니까 바로 합니다. 반대로 하기 싫은 일은 결코 하지 않습니다.

보통 사람들의 눈에는 그런 행동이 좋게 보이지 않습니다.

우리 사회가 거의 이런 형태입니다. 그리하여 수학이 하기 싫어도 대학에 들어가기 위해서 해야 하고, 하기 싫은 과학도 해야 합니다.

이런 습관은 어린 시절부터 생겨서 어른이 되어서도 자신이 좋아하는 일을 하지 못하고 싫어하는 일만 하게 됩니다. 그리고 그것이 인생이라고 생각하고 체념해버립니다.

 솔직 명료한 성실에는, 잔 꾀가 필요없다.

-셰익스피어 〈줄리어스 시저〉에서-

주위의 사람을 기쁘게 하는 습관

아주 작은 선물이나 배려에도 진심으로 기뻐하며
그 기쁨을 솔직하게 나타냅니다.

행복을 발견하는 사람들은 친구로서 제일 좋은 사람들입니다. 그들은 사람을 기쁘게 하는 일을 잘 하기 때문이지요.

행복을 발견하는 사람들은 친구들에게 그들 자신이 잊고 있던 생일이나 뜻 깊은 날을 기억하여 축하를 보냅니다.

행복을 발견하는 사람들은 다른 사람을 기쁘게 하는 일을 인생에서 가장 중요한 일로 생각합니다. 그들은 자신의 직업을 통해서도 남을 기쁘게 합니다. 또한 사생활에서도 남을 기쁘게 하는 것이 취미입니다.

사람들을 기쁘게 하는 것을 좋아하는 사람들 중에 두 가지 부류가 있습니다. 하나는 남을 기쁘게 하는 일을 하면서도 자신은 어떤 이익도 받지 않는 사람들입니다. 그리고 또 하나의 부류는 타인에게는 물론 자신에게도 많은 것을 베푸는 사람들입니다.

 행복을 발견하는 사람들은 자신에게 풍족하게 베풀면서 남에게도 아쉬움이 없을 정도로 많이 베푸는 사람들입니다. 자신도 행복감에 충만해 있지 않으면 남에게도 베풀지 못한다는 것을 알고 있기 때문에 자신에게도 베풉니다.

 따라서 행복을 발견하는 사람들은 사람을 기쁘게 하는 일이 능숙할 뿐만 아니라 자신도 기쁘게 합니다. 그래서 그들은 아주 작은 선물이나 배려에도 진심으로 기뻐하며 그 기쁨을 솔직하게 나타냅니다.

 인생에 기쁨이 없으면 전혀 인생이 아니다.

-C.패트모어 〈패배속의 승리〉에서-

즐기면서 배우는 습관

무슨 일이든지 즐기면서 배우는 것을 습관으로 삼아버렸습니다.

행복을 발견하는 사람들은 여러 가지를 배우기 좋아하는 습관이 있습니다. 그들은 어려서부터 호기심이 많아 옆에 있는 부모나 어른들에게 '왜? 어째서?'를 입버릇처럼 물어서 귀찮아할 정도였습니다.

여기서 배우는 것을 좋아한다고 해서 공부를 의미하는 것은 아닙니다. 세상 일이 어떻게 돌아가고 있으며 그 이치는 무엇인지를 알고 싶어하는 것입니다. 그러나 단순한 지식을 외우는 식은 결코 하지 않습니다. 이런 일에는 흥미를 느끼지 않으니까요.

행복을 발견하는 사람들은 돈과 비즈니스에 관해 배우는 것을 좋아합니다. 투자에 성공하기 위해서는 많은 지식이 필요하다는 것을 잘 알고 있기 때문이지요. 이자, 배당, 주가수

익률, 투자 수익률이라는 용어에서부터 회사의 업적, 사회의 트랜드, 세계경제의 흐름 등에 대해서 알 필요가 있으니까요.

행복을 발견하는 사람들은 이상하게도 보통 사람들이 어렵게 생각하는 이런 경제나 비즈니스에 대해서 흥미를 보이며 알기 위해 여러 가지를 조사하고 연구합니다.

그들은 호기심이 많은 사람들입니다. 스포츠, 음악 등에 대해서도 많은 관심을 가지고 있습니다. 즐거워 보이는 일은 모두 해보고 싶으나 시간이 없어서 아쉬워할 뿐, 그들은 새로운 것을 알고 배우는 것을 즐거움으로 삼고 있습니다. 그들은 무슨 일이든지 즐기면서 배우는 것을 습관으로 삼아버렸습니다.

 습관은 오래 계속된 실천이며, 결국에는 그 사람 자신이 된다.

-에베누스, 아리스토텔레스 〈니코마쿠스 윤리학〉에서-

자신이 처한 상황에 감사하는 습관

현재 자신이 처한 상황에 대해서도 깊이 감사하고 있으며
그것을 표현하려고 합니다.

행복을 발견하는 사람들은 어떤 일에도 "감사합니다."라고 말합니다. 아무리 작은 일이라도 그들은 감사의 말을 잊지 않습니다.

그들은 인생에서 일어나는 여러 가지 일에 진심으로 감사하고 있습니다.

그들은 또한 현재 자신이 처한 상황에 대해서도 깊이 감사하고 있으며 그것을 표현하려고 합니다.

행복을 발견하는 사람들은 누군가로부터 친절한 대접을 받았다면 마음속으로 우러나오는 "정말 고맙습니다." 하는 감사의 말을 꼭 합니다. 그 말을 들은 사람은 그렇게 기분이 좋을 수가 없습니다. 그래서 그 사람 밑에서 일하는 종업원들은 더욱 열심히 일을 하게 됩니다.

또한 유익한 정보나 소식이 있으면 그들에게 먼저 전해주게 됩니다. 그들은 그런 작은 일에도 진심으로 감사하기 때문입니다. 그래서 그들 주위에 많은 사람들이 모여들게 됩니다. 그들은 마음에도 없는 가식적인 감사인사를 하지 않습니다.

진심에서 우러나는 감사인사를 합니다.

 배은망덕 다음으로 견디기 가장 괴로운 것은 감사하는 마음이다.

-H.W.비쳐 〈폴리버드 설교단에서의 금언집〉에서-

아침에 기분 좋은 말을 하는 습관

습관이 되면 기분 좋은 아침을 만들게 되고
하루를 멋지게 시작할 수 있습니다.

아침에 하는 말 한 마디가 그 날의 하루를 결정할 만큼 힘이 있습니다.

자기가 내뱉은 말은 반드시 자기에게 돌아옵니다. 그렇다면 밝고 긍정적인 말을 하면 기분도 밝고 생각이 긍정적으로 변합니다. 반면에 어둡고 부정적인 말을 하면 기분도 생각도 그렇게 됩니다.

아침에 하찮은 일로 아내와 싸우고 회사에 출근했을 때 그 날 하루 종일 모든 일이 순조롭게 풀리지 않은 경험을 해본 사람이 있을 겁니다. 이것은 아침에 한 말이 그 날의 기분을 결정한다는 사실을 입증하는 것이지요.

행복을 발견하는 사람들은 이것을 오늘 하루에 국한하지 않고 한 달, 일 년이라는 단위로 넓혀 생각합니다. 하루하루를 긍정적으로 보낸 사람은 일주일, 더 나아가서 한 달이 즐거울 것이며, 한 달을 즐겁게 보낸 사람은 일 년을 즐겁게 보내게 될 것입니다.

따라서 하루를 즐겁게 시작한 사람은 비즈니스에서도 그만큼 즐겁게 자신의 능력을 발휘할 수 있게 되는 것은 당연합니다.

이렇게 하루를 즐겁게 보내기 위해 아침부터 좋은 말을 하는 습관을 들이기 위해서는 처음에는 의식적으로 가족에게 부드럽게 인사의 말부터 전해보는 겁니다.

그리고 자신에게도 "오늘 열심히 살자."고 말하는 것입니다.

어려움에 직면할수록 아침에 일어나 "잘 될 거야." "꼭 해낼 거야."라고 긍정적인 말로 자신에게 격려하는 것입니다.

이것이 습관이 되면 기분 좋은 아침을 만들게 되고 하루를 멋지게 시작할 수 있습니다.

 모든 언어는 그 사용자의 넋이 간직된 사랑이다.

-O.W. 호움즈 〈아침식탁의 구원〉에서-

풍요로움을 나누는 습관

행복을 발견하는 사람들은 자신이 가진 것을
나누어 갖기를 좋아합니다.

행복을 발견하는 사람들은 자신이 가진 것을 나누어 갖기를 좋아합니다. 또한 이것이 습관화되어 있습니다. 일상적인 봉사 활동이나 여러 단체에 기부하는 것을 보면 알 수 있습니다.

행복을 발견하는 사람들은 자신은 충분히 가졌다고 생각하며 살아갑니다. 그러므로 기회를 찾아, 자신이 가진 것을 주변과 기쁘게 나누는 것입니다. 수입이 같더라도 마음이 풍요롭지 않은 사람들은 '그렇잖아도 매달 나갈 돈에 벌벌 떠는데 어째서 보지도 알지도 못하는 사람에게 돈을 줘야 하는가?'라고 생각합니다.

행복을 발견하는 사람들은 돈이 많아서 다른 사람과 나누어 갖는 습관이 생긴 걸까요?

행복을 발견하는 많은 사람들의 얘기를 들어보면 돈과 인연이 없었던 시절부터 기부를 하거나 봉사활동을 해왔다고 합니다. 그들이 풍요롭기 때문에 서로 나누어 갖는 것이 아니라 '서로 나누어왔기 때문에 풍요로워졌다.' 라는 가설도 성립된다고 생각합니다. 실제로 기독교는 수입의 10분의 1을 기부하도록 정해놓고 있습니다.

　카네기, 록펠러, 포드 등 유명한 부호의 대다수가 자신의 부를 사회에 환원하는 것에 열심이었던 것을 보면 그것이 얼마나 중요한 일임을 알 수 있지요. 이런 가정에서는 필요 이상의 양을 접시에 덜어서 남기는 일이 없도록 습관들여져 있습니다. 자신들처럼 식사할 수 있는 것에 감사하고 가족과 한 테이블에서 식사할 수 있는 기적을 음미하면서 즐거운 한때를 보내는 것입니다.

 풍요는 평화의 지식이다.

-W.프린 〈배우 마스트릭스〉에서-

근검, 절약하는 습관

돈을 쓸데없는 데 낭비하지 않는 사고방식이
그들 인생의 기본으로 되어 있습니다.

행복을 발견하는 사람들은 돈을 쓸데없는 데 낭비하지 않는 사고방식이 그들 인생의 기본으로 되어 있습니다. 쓸 수 있을 만큼의 돈이 있다 해도 쓸데없는 데는 단돈 1달러도 쓰지 않는다는 분명한 태도가 그들을 부자로 만들어준 것입니다.

행복을 발견하는 사람들은 쇼핑을 그다지 좋아하지 않습니다. 그들은 무언가를 사는 것으로 마음을 달랠 필요가 없기 때문이지요.

샐러리맨인 한 젊은이가 이런 말을 하는 것을 들었습니다.

"시간외 수당으로 받은 돈은 전부 다 써버리게 되더군. 힘들게 일해서 번 임시 수입이니까 팍팍 써서 스트레스 해소하는 거지. 그래야 비로소 정신적 균형을 맞출 수가 있거든."

부자이면서 돈을 많이 쓰는 사람들 가운데는 어린 시절을 불우하고 가난하게 보낸 사람들이 많은 것 같습니다. 그들은 어릴 적 느꼈던 가난의 공포, 창피함들을 머릿속에서 씻어내려는 듯 마구 돈을 뿌려댑니다. 돈을 쓰는 순간이나마 자신의 부를 만끽할 수 있기 때문이겠지요. 하지만 그들은 내심 불안해합니다. 아무리 돈을 써대도 돈에 대한 감정을 처리하지 않는 한 그 불안감은 평생 사라지지 않기 때문입니다. 그 과정을 거치지 않으면 결국은 모든 재산을 잃는 우를 범하게 됩니다.

행복을 발견하는 사람들은 검소하게 살아갑니다. 돈은 그들에게 있어서는 힘이지만 그 사용법을 잘 알고 있습니다. 돈을 버는 과정에서 익힌 습관이 돈을 많이 번 후에도 지속되기 때문이지요. 즉, 행복을 발견하는 사람은 돈을 그다지 쓰지 않는 경향이 있다는 말입니다. 돈은 쓰지 않으면 모입니다. 그들은 모인 돈을 투자해서 현명하게 증식함으로써 부자가 되어갑니다.

 절제가 최선이다.

-린두스-

제3장

● 이런 마음이 행복을 발견한다

올바른 믿음을 가지고 있다

내용에 따라서 인생은 크게 달라지며
올바른 믿음은 올바른 결과를 낳습니다.

행복을 발견하는 사람들은 올바른 믿음을 갖고 있습니다.

마음에서 생긴 강한 인상은 그 사람의 인생을 좌우할 만큼 결정적인 믿음이 됩니다. 그 내용에 따라서 인생은 크게 달라지며 올바른 믿음은 올바른 결과를 낳습니다.

믿음에도 여러 가지가 있습니다. 어떤 사건이 일어나면 틀림없이 '이것 때문'이라는 믿음, 어떤 사람을 평가할 때 '저 사람은 그런 사람이다.'라는 믿음 등이 있습니다.

하지만 행운과 관계 있는 것은 '자기 자신은 이런 인간이다.'라는 믿음, 다시 말해 자기 이미지를 말합니다.

그 사람의 사고방식이나 행동을 지배하는 것은 바로 자기 자신에 대한 이미지입니다.

행복을 발견하는 사람들은 '자신은 능력이 있고 행운이

따르는 사람'이라는 믿음을 가지고 있습니다.

'나는 능력이 없다.'고 믿는 사람은 무슨 일을 하던지 자신이 없고 늘 불안해 하기 때문에 소극적으로 행동합니다. 그런 사람에게 행운이 따를 리가 없지요.

행복을 발견하는 사람들은 일생을 살면서 자신 안에 바람직한 자기 상을 확립하고 있습니다.

 사랑은 고결한 마음을 이어주는 수문이요, 믿음은 사랑의 샘을 닫는 마개이다.

-R.그린 〈알시다〉에서-

남의 장점을 솔직히 인정하는 마음

행복을 발견하는 사람들은 칭찬할 줄 알며,
항상 칭찬하고자 하는 마음을 가지고 있습니다.

　행복을 발견하는 사람들은 다른 사람의 장점이나 훌륭한 점을 솔직히 인정할 줄 아는 마음을 가고 있습니다.
　'저 사람이 일하는 모습은 정말 좋은 본보기가 된다. 참 훌륭한 사람이다.'
　이처럼 그들은 다른 사람의 장점을 자연스럽게 평가합니다. 또한 그들은 선배나 상사를 존경하고 그들이 일하는 모습을 솔직히 평가하여 자극을 받아 자기 자신을 채찍질합니다.
　행복을 발견하는 사람들은 예외 없이 칭찬의 명수들입니다.
　칭찬을 받아서 기분 나쁜 사람은 없습니다. 칭찬을 통해서 상사는 부하의 의욕을 심어줍니다.
　행복을 발견하는 사람들은 다른 사람을 칭찬해줌으로써

상대는 물론 자신에게 돌아오는 효과도 없습니다.

행복을 발견하는 사람들은 과감하게 다른 사람의 좋은 점만은 칭찬합니다.

또한 부하들을 격려할 때 소극적인 표현은 삼가합니다.

"능력껏 열심히 일하게."

"안 되도 좋으니 일단은 적극적으로 해 보게."

이러한 표현들은 쓰지 않습니다. 왜냐하면 대부분 부정적으로 작용하기 때문입니다.

"몸과 마음을 다해 열심히 하게."

"반드시 좋은 결과가 나올 거야. 적극적으로 밀어붙이게."

이런 식으로 격려하여 상대방의 마음속에서 의욕이 솟아나게 합니다.

행복을 발견하는 사람들은 칭찬할 줄 알며, 항상 칭찬하고자 하는 마음을 가지고 있습니다.

 솔직함이 솔직함을 끌어들인다.

-에머슨 〈수필집〉에서-

하찮은 것에 집착하지 않는다

신경을 곤두세워 화를 내지 않고
유연하게 대처해 나갑니다.

출퇴근 시 교통이 혼잡하여 한 두 시간씩 차안에서 본의 아니게 갇혀있을 때 보통 사람들은 스트레스를 받아 짜증을 내거나 화를 내기 쉽습니다. 특히 약속한 시간이 지나서도 혼잡한 교통이 풀릴 기미가 보이지 않을 때 더욱 더 공연히 아무데나 아니면 이유 없이 분노를 터뜨릴 때가 많습니다.

보통 사람들은 출퇴근 시 혼잡한 교통 문제만이 아니라 사소한 일에 화를 내거나 짜증을 내는 경우가 많습니다.

살아가면서 부딪치게 되는 안 좋은 상황들, 늦은 밤에 걸려오는 불쾌한 전화, 시도 때도 없이 날아오는 스팸메일 등 이런 것들은 우리 힘으로 통제할 수 없습니다. 어찌 보면 인생을 살면서 피할 수 없는 것들입니다.

그러나 이런 상황을 만났을 때 행복을 발견하는 사람들은 신경을 곤두세워 화를 내지 않고 유연하게 대처해 나갑니다.
 누구든지 이런 상황을 만났을 때 어떤 마음을 가지는가에 따라 행운을 부르기 위한 가장 간단한 선택을 할 것인가 아니면 다른 방향을 선택할 것인가가 달려있습니다.

 참된 관대한 자가 참된 현인이다.

-J.호움 〈더글리스〉에서-

용서하는 마음

행복을 발견하는 사람들은 이렇게 남의 잘못을 용서하는
너그러운 마음을 가졌습니다.

용서하는 마음을 나타낸 이야기 중에 가장 대표적이라 할 수 있는 것은 성경에 나오는 간음하는 여인의 이야기일 것입니다.

어느 날 종교지도자들이 간음하는 여인을 현장에서 붙잡아 예수에게 데리고 왔습니다. 그 종교지도자들은 사랑과 용서를 부르짖는 예수로 인해서 난처한 입장에 있었습니다. 그들은 예수를 공격하기 위해 모세의 율법을 들먹이면서 물었습니다.

"모세의 율법에는 간음한 여인을 돌로 치라 명하였는데 당신은 이 여인에게 어떻게 하시겠소?"

그러자 예수는 대답을 하지 않고 몸을 굽혀 손가락으로 땅에 무엇인가를 적었습니다. 그리고는 일어나 여자를 데리고 온 종교지도자들과 구경을 하고 있는 주위의 사람들을 돌아다보며 말했습니다.

"너희 중에 죄 없는 자가 먼저 돌로 쳐라."

오랜 침묵이 흐른 후에 종교지도자들은 물론 주위에 있던 사람들도 하나 둘씩 자리를 떴습니다. 사람들이 모두 떠난 후 여자와 예수만 남게 되자 예수는 여인을 향해 말했습니다.

"나도 너를 정죄하지 않으니 다시는 죄를 짓지 마라."

예수는 그녀를 이해하고 용서해주면서도 다시는 죄를 짓지 말라고 명령하였습니다.

행복을 발견하는 사람들은 이렇게 남의 잘못을 용서하는 너그러운 마음을 가졌습니다.

 잊는다는 것은 용서한다는 것이다.

-F.S. 피츠 제럴드 〈붕괴〉에서 -

따뜻한 마음을 지녔다

친절이란 남들에게 이용당하리만큼 약하거나 줏대가 없는 것을
말하지 않습니다. 또 사람들이 이용하도록 내버려두라는 뜻도 아닙니다.

우리 인간은 모든 일에 선을 긋고 나누는 것이 본성으로 되어 있습니다. 그래서 우리는 친절을 베풀 가치가 있다고 생각하는 사람들을 나름대로 정하기도 합니다. 그러나 행운을 부르는 사람들은 선을 긋지 않고 누구에게나 친절합니다.

"나는 많은 사람들에게 친절을 베풀었는데 그걸 모르고 사람들은 나를 이용하려고 한다."

이렇게 말하는 사람들을 우리 주위에서 많이 볼 수 있습니다.

그들은 친절의 의미를 제대로 파악하지 못하고 있는 것입니다. 친절이란 남들에게 이용당하리만큼 약하거나 줏대가 없는 것을 말하지 않습니다. 또 사람들이 이용하도록 내버려두라는 뜻도 아닙니다.

친절이란 어떤 상황에 처해 있든지 좀 더 나은 길을 선택하라는 뜻과 같습니다.

　예를 들어서 어떤 사람이 싸움을 걸어왔을 때 행운을 부르는 사람들은 그 사람들과 같이 신경을 곤두세우고 핏대를 올리면서 대항하지 않습니다. 그들은 차분하게 마음을 가라앉히고 친절하게 대하여 그 사람도 제풀에 꺾여 아예 꼬리를 내리게 합니다. 행복을 발견하는 사람들은 공격적인 행동을 하여 사태를 악화시키는 어리석은 일은 하지 않습니다.

　행복을 발견하는 사람들은 악한 마음을 갖지 않습니다. 악한 마음은 다른 사람들의 마음에 상처를 주기 때문이지요.

 마음의 옷이야말로 몸의 옷에 앞서 인정받아야 한다.

-R.스릴 〈스팩데이더〉-

두려워하는 마음을 극복했다

행복을 발견하는 사람들은 이런 '왜냐하면' 같은
잔인한 말을 절대로 사용하지 않습니다.

누구나 살아있는 동안에 언제든지 발전할 수 있습니다. 그런데 실제로 많은 사람들이 발전하지 못하고 있는 것은 두려운 마음이 앞서기 때문이죠. 두려움이 우리 마음속에 있는 한 우리는 발전할 수가 없습니다.

두려움은 눈에 보이지 않게 다가와서 우리가 감지하지 못하는 사이에 우리를 꼼짝하지 못하게 합니다.

지금 하고 있는 일이 적성에도 맞지 않고 좋아하지 않는 일임에도 전직이나 다른 것을 구하지 못합니다. 왜냐하면 이 일을 포기하면 직장을 구하지 못하거나 이제 와서 자신이 좋아하는 일을 할 수 없다는 두려움이 있기 때문이죠.

여기서 '왜냐하면'이라는 말은 우리의 긍정적인 삶을 방해하는 가장 좋지 않은 말입니다.

행복을 발견하는 사람들은 이런 '왜냐하면' 같은 잔인한 말을 절대로 사용하지 않습니다. 그것은 그들의 삶에서 자신의 의지대로 행동하는 습관이 길들어 있기 때문입니다.

 희망과 불안은 신뢰와 의혹을 교대로 가져온다.

-오비디우스 〈여걸〉에서-

지나치게 걱정하지 않는다

*걱정을 많이 하는 사람들 중에는 한바탕 웃고 말 일을
걱정하여 병까지 얻는 사람도 있습니다.*

원래 걱정거리의 80퍼센트는 '실제로 일어나지 않는 일'이라고 합니다. 그렇다고 20퍼센트는 확실히 일어난다는 것도 아닙니다.

나머지 20퍼센트 중에서 몇 퍼센트는 대비하거나 마음가짐만 바뀌어도 피할 수 있는 것입니다. 따라서 걱정거리가 현실이 되는 경우는 몇 퍼센트에 불과합니다.

그래도 인간사에서 걱정거리가 영원히 사라지지 않을 것이라고 말하는 사람도 있습니다.

그런데 실제 걱정을 많이 하는 사람들 중에는 한바탕 웃고 말 일을 걱정하여 병까지 얻는 사람도 있습니다.

평생 '걱정이다.', '불안하다.' 라고 말하면 실제로 그런 일이 일어날 수 있습니다.

행복을 발견하는 사람들은 일어날지 모르는 일은 '좋은 일은 일어나지만 나쁜 일은 절대로 일어나지 않는다.' 라고 믿고 말하며 부정적이고 비관적인 말은 절대로 입 밖에 내지 않습니다.

 걱정은 생명의 적이다.

-셰익스피어 〈12夜〉에서-

제4장

이런 처세가 행복을 발견한다

첫인상을 중요시한다

무엇보다 겉모습이 중요합니다. 대개 첫인상이 나쁜 사람과는 그 뒤의
관계에도 별로 깊어지지 않고, 무엇보다 불이익을 받는 일이 적지 않습니다.

"남자의 얼굴은 이력서다"라고 말한 사람은 아브라함 링컨입니다.

어느 날 측근이 어떤 사람을 정부 고관에 추천했지만 만나자마자 거절했습니다.

"예의바른 사람이지만 얼굴이 마음에 들지 않소. 남자란 마흔 살이 지나면 자기 얼굴에 책임을 져야 하오."

성격은 얼굴에 나타난다는 것을 링컨 자신이 잘 알고 있었던 것입니다.

"사람은 겉모습으로 판단해서는 안 된다"는 말도 있지만, 무엇보다 겉모습이 중요합니다. 대개 첫 인상이 나쁜 사람과는 그 뒤의 관계에도 별로 깊어지지 않고, 무엇보다 불이익을 받는 일이 적지 않습니다. 그래서 행복을 발견하는 사람들은

첫 인상을 좋게 보이려고 노력하며 또한 사람들을 대할 때 첫 인상을 중요시합니다.

행복을 발견하는 사람들이 첫 인상의 기준은 잘생겼는가가 아니라 복이 붙게 생겼는가 하는 것입니다. 그들은 또한 사람을 편안하게 해주는 얼굴인가 아닌가에 중점을 둡니다. 그들의 첫 인상의 관점 포인트는 상대를 편안하게 하는 타입인가 하는 것입니다.

인간관계와 비즈니스가 오래 지속되는 것도 서로 상대를 편하게 대할 수 있기 때문입니다. 이 경우에는 편안한 마음이 신뢰감으로 연결됩니다.

'그는 절대로 배신하지 않아. 약속을 틀림없이 지키지.'

이런 이미지를 떠올릴 수 있을 때 신뢰감이 싹틉니다.

행복을 발견하는 사람들은 신뢰감이 편안한 마음에서 싹튼다는 것을 분명하게 인식하고 있습니다. 신뢰를 쌓는 것은 상당히 어렵다고 생각하기 쉽지만 상대의 마음을 편안하게 해주면 의외로 쉽게 신뢰를 얻습니다. 이것만 깨닫는다면 상당히 간단해집니다.

신뢰를 쌓으면 우정과 비즈니스가 순탄하게 풀립니다. 그 사람에게는 행운도 신이 나서 따라붙습니다.

 첫인상이 대단히 중요하다.

-W. 콘그리트 〈세상의 길〉에서-

처음 만남, 4분에 결정된다

비즈니스는「처음이 좋으면 끝도 좋다」가 철칙이 통하는 것이므로 처음부터 좋게 시작하지 않는다면 좋은 결말은 기대할 수 없는 것입니다.

　행복을 발견하는 사람들은 첫 번째 만남에서 4분 안에 상대에게 호감을 얻도록 노력합니다. 그것은 처음 4분 동안의 첫 인상이 인간관계에서 중요하기 때문입니다.

　미국의 심리학자 드닌도 사람과 만나서 처음 4분 동안의 첫 인상이 그 사람의 인상을 평가하는데 많은 영향을 준다고 설명하였습니다. 첫 인상은 처음 4분 동안에 정해집니다.

　가령 처음 만난 사람의 인상이 좋지 않다면 그 사람에 대한 평가는 계속 좋지 않을 것입니다. 상품을 소개하여 상대방을 설득하는 것도 처음의 몇 분간이므로 성공과 실패의 결과도 즉시 알 수 있습니다. 영업사원이 상품소개에 실패하면 고객은「이 상품은 별로 좋지 않다」「이 상품은 안 된다」라는 인상을 갖습니다. 말 그대로 상품의 선택은 순간에 이루어지는 것입니다. 소설에는 기승전결이라는 형식이 있지만 비즈니스 세계에서는 결말로 향할수록 좋아지는 시나리오는 없습니다. 비즈니스는「처음이 좋으면 끝도 좋다」가 철칙이 통하는 것이므로 처음부터 좋게 시작하지 않는다면 좋은 결말은 기대할 수 없는 것입니다.

따라서 행복을 발견하는 사람들은 처음 만났을 때 4분 동안을 중요시하고 호감을 보일려고 노력합니다.

 마음 속에서 초기의 인상을 지워버리기는 어렵다.

-聖제롬 〈서한집〉에서-

상대가 기뻐할 일을 생각한다

따라서 신뢰를 얻고 싶으면 상대가 기뻐할 일을 생각하면 됩니다.
그러면 돌부처도 돌아앉아 도와줄 것입니다.

인생과 일에 있어서 멋진 성공을 거두고 행운을 얻는 것은 실력과 소질, 재능만이 아닙니다. 주변의 신뢰를 얻고 파트너의 협력을 끌어낼 수 있는가가 대세를 좌우한다고 볼 수 있습니다. 물론 상대의 존경을 받을 수 있다면 더욱 좋지만, 첫 단계로서의 신뢰는 성의를 갖고 상대에게 최선을 다하는 것에서 출발합니다.

설령 실력이 발군이라 해도 반드시 출세한다고 잘라 말 할 수는 없습니다. 아무리 재능이 넘쳐도 세상이 그것에 넘어갈 만큼 호락호락하지가 않습니다.

세상은 평등하지 않고 공평합니다. 누구에게나 기회를 줄 만큼 평등하지는 않습니다. 실력이 있다고 해서 반드시 일을 맡을 수 있는 것은 아닙니다.

"그와는 마음이 맞는다."

"어깨동무를 하고 싶은 친구야."

"나이는 나보다 많지만 애교가 넘치는 사람이야."

이렇듯 언뜻 보기에 본질과는 먼 곳에서 일이 시작되는 경우가 적지 않습니다. 설령 실력이나 재능이 백 점 만점인 사람이 있다해도 그가 70점만 받을 수 있다면 일은 영원히 그에게 갑니다. 그와 일을 하면 기분이 좋기 때문이죠. 그와 사귀는 것이 기분 좋기 때문입니다. 이렇게 되면 아무도 그 일을 빼앗아갈 수 없습니다.

따라서 신뢰를 얻고 싶으면 상대가 기뻐할 일을 생각하면 됩니다. 그러면 돌부처도 돌아앉아 도와줄 것입니다. 사람은 혼자서는 아무것도 할 수 없습니다. 따라서 행복을 발견하는 사람들은 상대가 기뻐할 일을 생각합니다.

 하잘 것 없는 것이 흔히 가장 훌륭한 것에 영향을 준다.

-J.F. 마르몽뗄 〈전집〉에서-

호의와 친근감을 나타낸다

행복을 발견하는 사람들은 호감을 갖기 위해 대하기 까다로운 사람들과도
친하게 보내기도 합니다.

　인간의 행복은 작은 일에 좌우되는 경우가 많습니다. 우리들은 이 세상에서 단 한 사람으로서가 아닌 많은 사람들 중의 하나로 살고 있습니다. 그 한 사람 한 사람이 자기 나름대로의 가치관을 가질 권리가 있으며 또한 우리는 그것을 주장하기도 합니다.

　자신에게 보잘것없이 보이는 일이 다른 사람에게는 중요하게 보이기도 합니다. 따라서 인사 방법, 사회적 예의, 몸가짐에서 그 사람의 개인적 가치관이 드러납니다.

　또한 우리가 사용하는 말들, 상대방의 안부를 물을 때 쓰는 상투적인 언어나 편지를 쓸 때 가장 흔히 사용하는 인사말들은 이야기의 본론으로 들어가기 위해 쓰는 경우가 많습니다. 이런 별다른 의미가 없는 사소한 말, 그리고 아침 · 점

심·저녁에 하는 상투적인 인사도 알고 보면 중요한 역할을 담당합니다.

　행복을 발견하는 사람들의 말은 호의와 친근감을 나타냅니다. 더불어 살아가야 할 사람들에게 인사조차 하지 않는다면 신뢰를 얻기 힘들며, 그런 사람은 사교적이지 못하거나 혹은 제멋대로라는 느낌을 주기 때문입니다. 나아가 그런 사람은 거만하고 타인과의 접촉을 꺼리는 사람으로 취급될지도 모릅니다.

　행복을 발견하는 사람들은 결코 그런 태도를 취하지 않습니다. 그들은 세상 사람들과 어울려 생활했고, 세상을 개선하기 위해 무언가를 하려 했습니다. 행복을 발견하는 사람들은 사람들의 호감을 얻기 위해 무언가를 하려 했습니다. 행복을 발견하는 사람들은 호감을 갖기 위해 대하기 까다로운 사람들과도 친하게 보내기도 합니다.

 다른 사람이 우리에게 흥미를 느낄 때 우리들은 그들에게 흥미를 느낀다.

-푸불릴리우스시루스 〈금언집〉에서-

감정적인 말투는 사용하지 않는다

거친 성격의 사람은 부드럽고 온화하게 말하는 방법을 배워야 합니다.
목소리를 높여 감정적인 말투로 말하면 더 감정적이 되어 버리게 마련입니다.

인간의 성질은 확실히 천차만별입니다. 무슨 일에든 금방 화를 내는 사람이 있는가 하면 그렇지 않은 사람도 있습니다.

그러나 그런 성질도 사람의 습관에 따라 달라질 수 있습니다. 자신이 쉽게 화를 내는 성질이라고 생각되면, 화를 낼 때의 행동들을 잘 생각해 보고, 자신이 어떤 행동을 가장 먼저 하는지 주의 깊게 반성해 보아야 합니다.

행복을 발견하는 사람들은 다른 사람이 흉내 내지 못할 정도로 무난한 태도로 말하고 행동합니다. 불행을 당한 사람에게 "그에게는 좋은 약이 된다."고 말하거나 형을 언도 받은 범죄자에 대해 "벌을 받는 것은 당연하다."라고 말하는 일은 결코 없습니다.

죄인이 처형당한 것을 알고 "벌써 교수형 당했어야 했어.

교수형 정도로는 너무 약해!' 라고 결코 말하지 않습니다.

　이런 식의 말을 마치 화가 난 듯한 말투로 마구 떠들어댄다면, 자신도 모르는 사이에 그것이 성품이 되어 무슨 일에든 곧 분노를 느끼는 사람으로 변해 갑니다. 그러므로 거친 성격의 사람은 부드럽고 온화하게 말하는 방법을 배워야 합니다. 목소리를 높여 감정적인 말투로 말하면 더 감정적이 되어 버리게 마련입니다.

　행복을 발견하는 사람들은 어떤 경우에도 감정적인 말을 절대로 사용하지 않습니다.

 말은 마음의 초상이다.

-E.쿠크 경 〈법학통론〉에서-

남을 배려할 줄 안다

무례하고 경솔한 태도는 다른 사람의 마음에 단단한 빗장을 질러 가까이 다가오지 못하게 만듭니다. 또한 지나치게 자신만만한 태도는 오히려 불신감을 일으킵니다.

 행복을 발견하는 사람들은 남을 배려할 줄 압니다. 그들은 남을 생각할 줄 아는 마음이 인격자가 갖추어야 할 미덕이라고 생각하고 있습니다. 사실 나보다 남을 생각한다는 것이 그리 쉬운 일만은 아닙니다. 그러나 배려야말로 인간관계를 원만하게 해주는 윤활유라는 것을 그들은 잘 알고 있습니다.
 행복을 발견하는 사람들은 사려가 깊기 때문에 그만큼 매사에 신중하고 주위사람들에게 신뢰를 주기 때문에 사회와 이웃으로부터 존경을 받고 있습니다.
 조직사회에서 누구나 리더가 되어 통솔하는 위치에 놓일 수도 있습니다. 그럴 때 상대방의 입장은 생각하지 않고 독단적으로 일을 처리한다면 자연히 불평이 나올 수밖에 없습니다.

행복을 발견하는 사람들은 배려도 예의임을 알고 있습니다. 그들의 예의바른 행동은 그들이 지닌 능력보다도 더 강한 영향력을 행사할 수도 있습니다. 행복을 발견하는 사람들은 가식적인 예의가 아닌 진심에서 우러나오는 예의를 갖춰 사람들을 대하기 때문에 사회에서 성공하고 행운을 불러오게 되는 것이지요.

무례하고 경솔한 태도는 다른 사람의 마음에 단단한 빗장을 질러 가까이 다가오지 못하게 만듭니다. 또한 지나치게 자신만만한 태도는 오히려 불신감을 일으킵니다.

행복을 발견하는 사람들은 예의바른 태도로 상대를 대하고 맡은 일에 최선을 다하기 때문에 또한 겸손하고 타인에 대한 배려를 아끼지 않으므로 스스로 자신을 알리려고 노력하지 않아도 남들이 알아주게 됩니다.

 인생은 향락에서 향락으로가 아니라, 부족에서 부족으로의 과정이다.

-S.존슨. 보즈웰 〈존슨전〉에서-

기본과 원칙을 지킨다

기본과 규율을 지킨다는 것이 쉬운 일인 것 같지만
어려운 일이기도 합니다.

　행복을 발견하는 사람들은 어떤 일을 함에 있어서 그 일에 따르는 기본과 규율을 지킬 줄 압니다. 내 자유이기에 기본을 무시하고, 내 이익에 따라 규율도 무시한다면 그런 사람이 하는 일의 결과는 뻔하기 때문입니다.

　세상의 일이란 혼자 모든 일을 다 할 수는 없습니다. 각 분야의 능력 있는 사람들이 모여 일을 하여 좋은 결과물을 만드는 것이 일입니다. 하지만 항상 좋은 결과만을 가져오지는 않습니다.

　능력 있는 사람들이 모여 열심히 일을 하였는데도 결과가 좋지 않았다는 것은 바로 그 일에서 지킬 기본과 규율을 지키지 않았기 때문입니다.

　각 분야의 능력 있는 사람들에게서 그 사람들의 능력을 끄

집어 낼 수 있느냐 없느냐 하는 것이 중요한 문제인데 내 자유이기에 기본을 무시하고, 내 이익에 따라 규율도 무시한다면 그 사람들이 가진 능력을 최대한 발휘하는 것은 불가능에 가깝습니다.

누군가 독단적인 사고를 하고 있고 그 생각을 바탕으로 일을 추진한다면 결코 좋은 결과가 나올 수 없습니다. 그것은 기본과 규율을 지키지 않았기 때문입니다.

일의 좋은 결과는 팀원들 간의 조화에 있습니다. 혼자 작업하는 것이 아닌 이상 팀원과 의사소통이 잘 이루어져야 하고 또한 독단적인 사고와 독단적인 방법으로 일을 추진해서는 안 됩니다.

행복을 발견하는 사람들은 일을 할 때 무엇보다도 중요하게 여기는 것은 그 일에 따른 기본과 규율을 지키는 것입니다. 기본과 규율이라는 것을 지켰을 경우 좋은 성과를 가져오기 때문입니다. 창의력을 발휘하는 것도 이런 바탕에서 이루어집니다. 기본과 규율을 지킨다는 것이 쉬운 일인 것 같지만 어려운 일이기도 합니다.

 인생은 있음직한 것(개연성)의 학교이다.

-W. 배저트 〈문학연구〉에서-

경청할 줄 안다

비즈니스맨의 세계에서도 남의 말에 귀를 기울이는 사람이 빨리 발전하고
행복을 발견합니다.

   소탈하게 남의 의견을 듣는 사람에게는 행운이 따릅니다.
   그렇다고 해서 행복을 발견하는 사람들은 남의 의견을 무조건 믿는 것은 아닙니다. 그들은 자기 나름대로 취사선택하는 것은 중요하지만, 적어도 귀를 기울이는 자세만큼은 가지고 있다는 것이지요.
   특히 인생경험이 얕거나 업무에 익숙하지 못할 때는 신뢰하는 사람의 의견을 `'이것은 신의 목소리다.' 라는 마음가짐으로 들어야 합니다. 그것이 실력을 키우는 지름길입니다. 무조건 비판적으로 대하다가는 시간이 아무리 지나도 실력을 쌓지 못합니다.
   행복을 발견하는 사람들은 무슨 일에나 문제를 해결하는 데 있어서나 핵심을 잘 포착합니다. 그래서 실력이 빠르게 늡

니다. 핵심을 포착하려면 먼저 진지하게 듣는데서 출발해야 합니다. 상사, 스승, 선배의 의견과 조언을 일단 통째로 삼키고 보는 것입니다.

비즈니스맨의 세계에서도 남의 말에 귀를 기울이는 사람이 빨리 발전하고 행복을 발견합니다. 발전하지 못하는 사람, 혹은 발전의 중간에서 멈추는 사람은 남의 말을 끝까지 듣지 않고 서둘러 자기 식으로 문제를 대하는 일이 많습니다. 그래서 행복이 따르지 않습니다. 이것은 거의 예외 없이 적용되는 진리입니다.

 잘 경청하는 것은 제2의 유산이다.

-푸블릴리우스 지푸스 〈금언집〉에서-

자기 자신을 이긴다

남을 이기기는 쉬워도 자신을 이기기는 훨씬 어렵습니다.
정신적 힘은 단순한 폭력에 앞서기 때문입니다.

인간관계의 기본은 '마음 주고받기' 입니다. 좋은 공을 던지면 상대도 좋은 공을 던져 답례합니다. 이쪽이 정성스럽게 대하면 상대도 정성스럽게 대합니다.

웃는 얼굴로 감사의 마음을 잊지 않고 성의를 다해 대하면 상대도 똑같은 기분이 되어 좋은 인간관계의 순환이 생깁니다.

행복을 발견하는 사람들은 상사를 대할 때나 부하를 대할 때나 이 점을 잊지 않습니다.

행복을 자기 것으로 만들지 못하는 사람은 누구에게도 배우려고 하지 않습니다.

운이 평범한 사람은 뛰어난 사람과 학식이 있는 사람, 지위가 높은 사람에게서만 배우려 합니다. 그러나 엄청난 운을 불러들이는 사람은 누구에게나 배웁니다.

   자기 자신에 대한 승리를 추구하는 것이 중요합니다. 그것은 나폴레옹·시저·알렉산더대왕이 싸워 이긴 승리보다 훨씬 고귀한 승리입니다.

   남을 이기기는 쉬워도 자신을 이기기는 훨씬 어렵습니다. 정신적 힘은 단순한 폭력에 앞서기 때문입니다. 행복을 발견하는 사람들은 자기 자신을 이긴 사람들입니다.

 나는 나 자신보다 더 큰 괴물이나 불가사의한 것을 본 적이 없다.

-몽테뉴 〈수상록〉에서-

자신을 사랑하듯 상사를 사랑한다

행복을 발견하는 사람들은 회사를 위해서
작은 일에 헌신적인 자세를 취합니다.

회사에 대해 성의를 다한다는 것은 단순히 맡겨진 일을 한다는 것이 아니라 그 이상의 의미를 담고 있습니다. 물론 일을 하는 것은 당연한 의무입니다. 그러나 행복을 발견하는 사람들은 그것으로 그치지 않고 자신의 회사나 상사에 대해서 애정을 가지고 있습니다. 회사의 일을 자기 자신의 일로 받아들여 소중히 생각합니다.

자신에게 이익이 있을 때만 절약에 힘쓰고 참을성 있게 일하는 자는 결코 행복을 발견하는 사람이 되지 못합니다. 그런 사람은 '회사에 성의를 다한다 해서 나에게 무슨 득이 되나?' 하는 생각으로 자신의 태도를 정당화시킵니다.

정해진 시간 내에 맡겨진 일은 하지만, 그 이외에 자신의 이익을 위한 것이 아니면 손가락 하나 움직이지 않는 사람이 오늘날 얼마나 많습니까?

　금이 간 벽의 수리 정도라면 얼마 안 되는 짧은 시간 안에 할 수 있습니다. 그러나 알고 보면 그런 작은 일이 회사를 지키는데 큰 몫을 합니다. 그런데도 많은 사람이 이를 소홀히 취급하는 경향이 있습니다.

　어질러져 있는 물품을 치우고, 계산서를 쓰고 하는 일이 시간적·경제적으로 회사에 상당한 도움이 됩니다. 이와 같은 성실한 사원은 보이지 않는 보탬이 됩니다. 자신이 손해를 보지 않기 위해서라면 그 정도의 일은 하고 있을 것입니다. 행복을 발견하는 사람들은 회사를 위해서 작은 일에 헌신적인 자세를 취합니다.

　자신에게는 아무런 득도 되지 않는다고 해서 일을 태만히 하거나 적당히 끝내버리는 사람이 있습니다. 행복을 발견하는 사람들은 그렇지 않습니다.

 일자리가 있는 자는 누구나 기회가 있다.

-E. 허버드 〈경구집〉에서-

허세를 부리지 않는다

가난함을 창피하게 여기고 허세를 부리는 것은 행복을 발견하기 위해 깨치고 나가야 할 그릇된 생각입니다.

가난을 부끄럽게 생각하는 것은 현대의 기류입니다. '훌륭한 사람'이란 부자를 가리킨다고 인식되어지는 한, 누구나 자신을 실제보다 부자로 보이려 합니다. 우리 주위를 보면 부자는 부추김을 받고 가난한 사람은 무시되는 경향이 있습니다. 대재벌이라는 이유만으로 존경받고 찬미되어지는 현실 앞에서 가난을 부끄러워하는 것은 어쩜 당연할지도 모릅니다.

행복을 발견하는 사람들은 자신의 재산이나 가난에 대해 자만하거나 숨기는 일 없이 솔직하게 말합니다. 그들은 가난하다 하여 소외하지 않으며, 부유하다 하여 그들 앞에 기가 죽는 일이 없습니다.

남들로부터 가난하다고 손가락질 받는 것을 창피하게 생

각하는 사람은 가난을 숨기기 위해 언제까지나 무리하게 됩니다. 자동차·가정 집기·식기·의상 등 겉모양을 비싼 것으로 치장합니다. 반찬도 화려해지고 파티 여는 것을 즐깁니다.

이런 것이 즐거워서가 아니라 그렇게 하지 않으면 돈이 없다고 남들이 멸시할까 두려워 끝없이 자신을 꾸밉니다. 이런 식으로 하다 보면 한 해 두 해 세월은 할 일없이 흘러가고, 남는 건 진짜로 가난해져 버린 주머니입니다. 자신의 주위를 살펴보면 그것이 사실임을 알 수 있습니다. 가난을 두려워하는 조바심이 열심히 일할 마음을 앗아가 버리고 초라한 빈털터리를 낳습니다.

가난함을 창피하게 여기고 허세를 부리는 것은 행복을 발견하기 위해 깨치고 나가야 할 그릇된 생각입니다.

 허영의 가장 고상한 형태가 명예욕이다.

-G.산타야나 〈이성의 생활〉에서-

성실하다

가진 것이 없으면 부자행세를 하지 않으며 자신의 처지와 동떨어진 생활을 꿈도 꾸지 않습니다. 자기 본연의 모습과 자세를 잃지 않습니다.

 성실한 삶을 살기 위해서는 무엇보다도 자제력이 요구됩니다. 성실하다는 자체가 인간의 여러 가지 욕구를 누르고 일정한 도덕적 틀 안에서 살아가는 것을 뜻하기 때문입니다.

 인간은 누구나 욕망의 노예가 되기 쉽습니다. 유혹에 휘둘리기 쉽다는 의미입니다. 우리 주변을 돌아다보면 허세와 허영의 노예가 되어 휘청거리는 모습들을 많이 볼 수 있습니다.

 이런 사람들은 자기 주관이 뚜렷하지 못하기 때문이죠.

 자기 수입이나 형편은 고려하지 않고 남들 하는대로 따라하는 사람, 허세만 있어서 아무 때나 장소를 가리지 않고 큰소리 치는 사람, 이런 사람들의 공통점은 성실하지 못하다는 것입니다.

 행복을 발견하는 사람들은 올바른 가치관을 가지고 있고

마음의 심지가 굳기 때문에 어떤 경우에도 동요하지 않습니다. 삶의 자세에 흐트러짐이 없습니다. 가진 것이 없으면 부자행세를 하지 않으며 자신의 처지와 동떨어진 생활을 꿈도 꾸지 않습니다. 자기 본연의 모습과 자세를 잃지 않습니다.

능력이 없어 보이는데도 남이 하는 것을 다 하는 사람들이 있습니다. 고급승용차와 명품, 고급식당 등 자신의 분수에 맞지 않은 생활을 하는 사람들이 많습니다.

행복을 발견하는 사람들은 이런 허세를 부리지 않고 분수에 맞게 성실하게 살아갑니다.

 솔직명료한 성실에는 잔꾀가 필요없다.

-세익스피어 〈줄리어스 시저〉에서-

제5장

이렇게 노력하면 행복을 발견한다

실현 가능한 목표를 세운다

행복을 발견하는 사람들은 그들이 계획한 것에 다가서기 위해서는
항상 작은 것에서부터 출발해야 된다는 것을 알고 있습니다.

　행복을 발견하는 사람들에게는 목표를 세우고 그 목표를 실현하는 능력이 있습니다. 그러면 그들이 목표를 달성하는 비결은 무엇일까요?

　첫째, 행복을 발견하는 사람들은 비현실적인 것을 기대하지 않습니다.

　두 번째, 행복을 발견하는 사람들은 목표를 세우기 전에 목표에 대해서 시간을 갖고 충분히 생각합니다. 그들은 혼자 결심한 일이더라도 그것에 대해서 책임감을 느낍니다.

　셋째, 그들은 참을성 있게 계속 밀고 나가는 것입니다.

　보통 사람들은 며칠 혹은 몇 주간 결심을 지키다가 결국은 버터내지 못하고 뒷걸음질칩니다.

　마지막으로 행복을 발견하는 사람들은 여러 가지 목표를

동시에 너무 많이 세우지 않습니다.

보통 사람들은 자신이 이루고 싶은 목표를 여러 개 만들어 한꺼번에 이루려고 합니다. 그러나 이 방법은 자신의 능력을 낮출 뿐입니다. 대부분의 경우 동시에 여러 개의 목표를 달성하기는 어렵습니다.

인생에서 한 분야에 앞서가면 다른 분야에서도 앞설 준비가 되어있는 것입니다.

행복을 발견하는 사람들은 그들이 계획한 것에 다가서기 위해서는 항상 작은 것에서부터 출발해야 된다는 것을 알고 있습니다.

 근면은 사업의 정수이며 번영의 열쇠이다.

-디킨즈 〈바어비 러지〉에서-

자신의 숨어있는 능력을 개발한다

사실 '나는 도대체 무엇을 하고 싶은가?'하고 갈피를 잡지 못하는 사람들도 적지 않습니다.

사람은 누구나 천재성을 갖고 있습니다.

예를 들어서 우즈의 천재성은 골프에서 나타났고, 빌 게이츠의 천재성은 컴퓨터에서 발휘되었습니다.

천재성은 자기 특유의 분야에서 발휘됩니다. 그래서 스페셜리스트라고 부릅니다.

이것은 스포츠 계에서만 해당되는 것이 아니라 비즈니스 세계에서도 적용됩니다.

예를 들면 인사부에서 영업부로 옮긴 사람이 순식간에 판매기록을 제치고 판매 왕이 되거나, 연구부분의 관리직원이 벤처 기업을 창업해서 성공하는 일을 자주 볼 수 있습니다.

이 경우 천재성이란 숨은 능력, 잠재능력을 의미합니다. 우즈나 빌 게이츠는 이 천재성이 이미 공인된 것이지만 우리

일반인들은 아직 개발되거나 발견되지 않았다는 점에서 차이가 있습니다.

비즈니스맨이나 샐러리맨들 중에서 자신의 천재성을 인정하는 사람이 몇 명이나 될까요? 대부분의 사람들은 자신의 천재성이 어디에 있는지 찾고 있습니다.

사실 '나는 도대체 무엇을 하고 싶은가?' 하고 갈피를 잡지 못하는 사람들도 적지 않습니다. 그러나 행복을 발견하는 사람들은 이미 자신의 능력을 개발하고 발휘한 사람들입니다.

 지능은 능력과의 별개의 것으로 이해가 빠른 것이며, 능력은 이해된 것에 따라 현명하게 행동하는 역량이다.

-A.N. 화이트 헤드 〈A.N. 화이트헤드의 대화〉에서-

시대의 트렌드를 탈 줄 안다

새롭게 등장하는 것은 대체로 강합니다. 그것은 에너지가 넘치는 존재입니다.
'이미 다 올라간 것'이 아니라 '올라가고 있는 것'이기 때문입니다.

무턱대고 노력한다고 해서 행운은 찾아오지 않습니다. 현장에서 흘린 땀으로 앞을 내다보는 혜안을 얻은 선배들의 조언을 들을 줄도 알아야 합니다.

'10년 공부 도로 아미타불'이라는 말이 있듯이 시대의 트렌드를 타지 못하면 뼈를 깎는 노력도 헛수고가 되고 맙니다.

변화는 추세입니다. 도박이든, 스포츠든, 경영이든 추세를 따라잡지 못하면 살아남기 힘듭니다. 연필과 샤프펜슬, 펜과 타자기, 타자기와 워드 프로세서, 워드프로세서와 PC, 그리고 이 모든 것들과 붓글씨와의 관계에, 시대의 트렌드와의 관계가 적용됩니다.

가장 중요한 것은 시대의 트렌드가 어디서 어디로 흐르는가를 포착하는 것입니다.

트렌드란 추세입니다. 추세를 누를 수 있는 것은 없습니다.

행복을 발견하는 사람들은 추세의 선봉에 선 사람들입니다. 디즈니랜드도 트렌드를 잘 읽어 성공한 사례입니다. 중요한 것은 발상과 사고방식입니다.

행복을 발견한다는 것은 추세가 어디에 있는가를 간파하는 것입니다.

추세란 에너지 덩어리입니다. 아무리 억누르려 해도 머리를 쳐드는 신흥세력입니다.

새롭게 등장하는 것은 대체로 강합니다. 그것은 에너지가 넘치는 존재입니다. '이미 다 올라간 것'이 아니라 '올라가고 있는 것'이기 때문입니다.

 성공은 수고의 대가라는 것을 기억하라.

-소포클레스 〈엘렉트라〉에서-

절대적인 가치를 위해 노력한다

어떻게 즐겁게 일을 하며 기쁘게 하루를 살 수 있는가를 생각하며 살아갑니다. 즐겁고 유쾌한 마음이 들 때 행복이 찾아온다는 것을 믿고 있습니다.

행복을 발견하는 사람들은 무슨 일을 할 때 적극적인 사고에 한 발 더 나아가서 낙천적인 생각을 합니다.

적극적인 사고는 목적을 달성하기 위해 수단을 가리지 않게 되며 작은 희생도 감수하는 방식을 선택하게 됩니다. 그래서 '이 일은 무슨 수를 써서라도 해내야지.' '경쟁자를 물리쳐야지.' '판매 1억 불을 돌파해야지.' 하는 생각에 경쟁자나 남을 의식하여 스트레스를 많이 받게 됩니다.

반면에 낙천적으로 생각하면 상황을 긍정적이고 낙관적이며 발전적으로 받아들이기 때문에 마음에 꿈과 목적을 그리면서도 마음이 편안해지고 다른 사람과의 경쟁이 아니라 절대적인 가치를 자기 자신에게 두게 됩니다.

어디까지나 자신이 좋아하는 것을 하게 되고 진정으로 바라고 있는 것을 하게 되므로 결과가 어떻든 극심한 스트레스를 받지 않고 편안한 마음을 유지할 수 있습니다.

    비즈니스 사회에서는 적극적인 사고가 필요하기도 합니다. 행복을 발견하는 사람들은 어떻게 즐겁게 일을 하며 기쁘게 하루를 살 수 있는가를 생각하며 살아갑니다. 즐겁고 유쾌한 마음이 들 때 행복이 찾아온다는 것을 믿고 있습니다.

 사람의 가치는 타인과의 관계에서만 측정될 수 있다.

-니체 〈권력에의 의지〉에서-

실패는 귀중한 소프트웨어

실패와 성공은 귀중한 체험입니다. 체험은 사람마다 각기 다르고,
귀중한 소프트웨어입니다.

'실패는 성공의 어머니'라는 말이 있지만, 어떠한 기술을 개발할 때도 실패는 결코 나쁜 일이 아닙니다. 실패하면 할수록 '저것은 이래서 안 돼.' '이것은 여기에 문제가 있어.' 하는 식으로 정보가 쌓여 성공할 확률이 높아집니다.

실패를 전제로 해서 가장 바람직한 길에서부터 최악의 길까지를 열거하면 다음과 같습니다.

가장 바람직한 길은 실패 없이 성공을 거두는 것입니다. 그리고 그 성공체험을 토대로 더 큰 성공을 거두는 것입니다. 그러나 그런 사람은 거의 없습니다. 대기업의 후계자들 주변에서 '상처를 입어서는 안 된다'고 용의주도하게 배려해 주는 엘리트의 도움없이는 불가능합니다.

두 번째로 바람직한 길은 작은 실패를 몇 차례 거듭한 뒤

에 큰 성공을 거두는 것입니다. 소위 자수성가한 사람 가운데는 이런 유형이 많습니다.

세 번째로 바람직한 길은 큰 실패를 되풀이하다가 큰 성공을 거두는 것입니다. 손익계산은 제로지만 '나는 파란만장하게 살았다'는 자기만족으로 연결될 것입니다.

네 번째로 바람직한 길은 작은 실패를 되풀이하다가 작은 성공을 거두는 것입니다. 이 유형은 상당히 많습니다. 대부분의 사업가가 이 유형에 속합니다.

다섯 번째로 바람직한 길은 큰 실패를 거듭하다가 적은 성공을 거두는 것입니다.

이 유형에 속하는 사람은 대개 편안한 말년을 보냅니다. 더 이상 큰 모험을 하지 않으려는 경향을 보이기 때문입니다. 지금까지 다섯 번째까지 길을 걷는 사람들은 행운을 부르는 사람들이라고 할 수 있습니다.

여섯 번째로 최악의 길은, 실패도 성공도 하지 못하는 인생입니다. 이래서는 삶의 보람이 없기 때문에 최악이라고 하는 것입니다.

실패와 성공은 귀중한 체험입니다. 체험은 사람마다 각기 다르고, 귀중한 소프트웨어입니다. 실패는 실패대로 '이렇게 했더니 일이 잘 안 되었다'는 소프트웨어가 되고 성공은 성공대로 '이렇게 했더니 일이 상당히 잘 풀렸다'는 소프트웨어가 됩니다. 체험은 데이터입니다.

 행복을 발견하는 사람들은 이 데이터를 중요하게 생각합니다.

 인생의 초기에 약간의 실패를 하는 데에 가장 큰 실리가 있다.

-T.H. 헉스리 〈의학 교육론〉에서-

에너지가 넘친다

행복을 발견하는 사람들은 갈피를 못잡아 헤매는 일은 결코 하지 않습니다.

　에너지는 의욕입니다. 의욕이란 '의식'과 '욕구'의 합성어입니다. 하고 싶다는 방향을 의식하고, 어떻게 하면 할 수 있는가를 욕구 합니다. 그러한 에너지야말로 행운을 개척하는 힘입니다.

　행복을 발견하는 사람들은 에너지가 넘칩니다. 그래서 그들은 인생에서 좌절하거나 비틀거릴 때 낙심하거나 울상을 짓지 않고 '좋다, 어디 한번 해보자.' 하고 곧바로 힘차게 일어섭니다. 그리하여 새로운 길을 찾습니다.

　거꾸로 이렇게 할까 저렇게 할까 갈피를 못 잡고 고뇌하는 사람도 있습니다. 그러다가 낙심해서 의욕을 잃고 결국에는 세상에서 낙오하게 됩니다. 이상하게도 갈피를 못 잡는 일은 그럴 필요가 없을 때 발생합니다.

대학입시에서 프린스턴대학과 비슷한 MIT대학에 모두 합격했다고 합시다. 이것은 갈피를 못 잡을 일입니다. 두 대학 모두 비슷한 무게가 나가기 때문입니다. 그러나 하버드대학에도 합격했다면 어떻게 될까요. 두 사립명문의 법과대학이나 공과대학에라도 합격하지 않은 한 "하버드대학으로 가겠다."고 주저없이 말할 것입니다.. "어디로 갈 거니?" 하고 주변에서 묻는 일조차 없을 것입니다.

행복을 발견하는 사람들은 갈피를 못잡아 헤매는 일은 결코 하지 않습니다.

 열정은 성실의 특성이며, 그것 없이는 진리가 승리하지 못한다.

-빌워리튼 〈폼페이 최후〉에서-

현명한 선택을 한다

자신이 지금 버림을 받았는가, 선택을 받았는가를 냉정하게 판단하는 것이야 말로 행복을 지배하는 지름길입니다.

행복이라는 것은 밧줄 하나로 잡을 수 있는 것이 아닙니다. 아무리 생각해도 3가지 조건이 필요합니다.

첫째는 행복의 여신이 미소를 보낼 때 그 신호를 놓치지 않는 통찰력, 주의력이 있는가 입니다. 날카로운 선구안으로 장타를 칠 수 있다면 더 바랄나위가 없지만, 과연 그것을 해낼 수 있는 통찰력과 능력없이 멍청하게 서있다가는 행운의 여신이 보내는 미소를 깨닫지 못합니다.

무슨 일이든 조짐이라는 것이 있습니다. 행복을 발견하는 사람들은 한 가지를 보면 다른 것도 미루어 알 수 있고, 한 마디만 듣고도 전체의 흐름을 파악할 수 있습니다.

두 번째는 일단 잡은 천재일우의 기회를 성공의 열쇠로 전환시킬 수 있는가입니다. 다시 말해서 평소에 기회를 살릴 수 있는 실력을 닦아놓았는가 입니다.

　준비도 하지 않은 채 썩은 동아줄로 무엇을 할 수 있겠습니까? 별다른 준비도 없이 기회를 낚아채는 것은 천재뿐입니다. 대부분의 보통 사람들은 탄탄한 준비를 해도 막상 기회가 닥치면 벅차서 쩔쩔맵니다. 행복을 발견하는 사람들은 목표를 향하여 끊임없는 노력을 착실하게 쌓아가도록 합니다.

　승부의 여신은 꽤나 변덕스러워서 일단 버린 사람은 철저하게 버리고 일단 선택한 사람은 계속해서 돌봅니다.

　자신이 지금 버림을 받았는가, 선택을 받았는가를 냉정하게 판단하는 것이야말로 행복을 지배하는 지름길입니다.

 일을 어떻게 시작할까 생각하는 동안 그 일의 시작은 너무 늦어진다.

-쿠인틸리아누스 〈변론술설정〉에서-

열심히 일한다

행복을 발견하는 사람들은 무엇인가 일을 합니다.
비록 충분한 재산을 상속받았다고 해도 건강과 행복을 위해 일합니다.

행복을 발견하는 사람들은 평소에 열심히 일을 합니다. 행복한 삶을 영위하고 더욱이 사회에 도움이 될 인간이 되기 위해서 일합니다.

'일하지 않는 자는 먹지도 말라!' 는 말이 있는데 이 말은 건전한 의식을 바탕으로 합니다.

건강한 육체와 건전한 정신을 가진 사람은 누구나 살아가기 위해 노동을 하지 않으면 안 됩니다. 그것은 예나 지금이나 변함 없는 진실입니다.

만약 노동이 싫다면 어딘가 다른 별개의 혹성을 찾아 이사를 가야 합니다.

한 마디로 노동이라고 하지만 그 종류에는 여러 가지가 있습니다. 완전한 정신노동이 있는가 하면, 완전한 육체노동도 있습니다. 그러나 어느 쪽이나 다 사회에 도움이 됩니다.

세상에는 무수한 종류의 직업이 있습니다. 우리는 그 중에서 특정한 직업을 선택하게 되며 어떤 것도 사회에 있어서 중요하지 않은 것은 없습니다. 어쨌든 행복을 발견하는 사람들은 무엇인가 일을 합니다. 비록 충분한 재산을 상속받았다고 해도 건강과 행복을 위해 일합니다.

가령 그들 자신이 일을 하지 않아도 평생 돈 걱정 없이 살아갈 수 있는 막대한 자산가일지라도 일을 합니다. 왜냐하면 타성에 젖은 나태한 생활을 하면 그것은 자신에게 좋지 못하기 때문입니다. 또한 사회와 자녀에게도 큰 잘못을 저지르는 것이기 때문입니다.

행복을 발견하는 사람들은 자기 분야에서 열심히 일합니다.

 위대한 업적치고 노력없이 이루어진 것은 없다.

-에머슨 〈수필집〉에서-

시간을 아낀다

행복을 발견하는 사람들은 우선 무엇이든 미리 정한 시간에 하고 해야 할 일이 많고 적음에 관계없이 언제나 무엇이든지 계획을 세웁니다.

'작은 것을 소중히 하면 1시간은 저절로 찾아온다' 는 말처럼 '1분을 소중히 하면 1시간은 저절로 충실해진다' 라고 할 수 있습니다.

올바른 의미를 모른 채 사용하는 것은 좋은 조언이 될 수 없습니다. 오용된 경우도 있습니다. 금전을 인색하게 아끼듯이 시간을 아끼는 사람도 있습니다. 한 쪽을 아끼는 사람은 이윽고 다른 한 쪽도 아끼기 마련입니다. 다른 사람을 행복하게 해 주기 위해서 선행을 행하는 방법은 언제나 널려 있습니다.

행복을 발견하는 사람들은 우선 무엇이든 미리 정한 시간에 하고 해야 할 일이 많고 적음에 관계없이 언제나 무엇이든지 계획을 세웁니다. 그것이 일이든 공부든 수다든 놀이든 상관없습니다. 그리고 특별한 일이 없는 한 그 계획을 중단하지 않습니다. 놀라울 정도의 작업량을 소화해 가면서도 충분한 여가 시간을 즐기는 사람들은 이처럼 계획적인 생활을 하기 때문입니다. 대단한 일도 하지 않으면서 여가 시간이 충분하지 못한 사람은 막무가내로 일을 하기 때문입니다.

 시간은 그 속에서 우리들이 배우는 학교이며, 시간은 그 속에서 우리들이 타버리는 불이다.

-D.시워츠 〈로나를 위하여〉에서-

자신의 분야에서 최고가 된다

행복을 발견하는 사람들은 주어진 시간 내에 해당 분야에서 최고가 되겠다는
의지로 그들 잠재의식을 프로그램 시켰던 것입니다.

"돈을 일보다 앞세우는 회사에서는 절대 일하지 않겠다고 굳게 결심했다."

헨리 포드가 자서전에서 한 말입니다. 요컨대 포드는 '진실한 기업을 떠받쳐주는 유일한 토대는 서비스'라고 생각했던 것입니다.

성공은 서비스에서 시작됩니다. 그리고 서비스의 성공은 '최선을 다하겠다는 마음가짐, 또한 그 분야에서 최고가 되겠다는 마음가짐'에서 시작됩니다.

여기서 행복을 발견하는 사람들의 또 하나의 공통점을 알 수 있습니다. 그것은 어떤 일이라도 잘 해내겠다는 욕망과 다른 사람에게 도움을 줄 수 있는 일을 해내겠다는 희망을 실천에 옮기려는 의지입니다.

눈여겨보아야 할 것은, 그들에게 이익을 남기겠다는 생각은 최우선 목표가 아니었음에도 불구하고 오히려 이익을 우선시한 사람들보다 오히려 훨씬 많은 돈을 벌었다는 점입니다.

애플 컴퓨터의 창업자인 스티브 잡스 역시 "우리가 이런 일을 하는 것은 돈을 벌려는 목적이 아니다. 다른 사람들에게도 나은 교육을 제공하려는 원대한 꿈때문이다"고 말했습니다. 결국 행운은 우리가 제공하는 서비스를 제공할 때에야 그에게 합당한 보상을 기대할 수 있음을 알 수 있습니다.

따라서 행복을 발견하는 사람들은 주어진 시간 내에 해당 분야에서 최고가 되겠다는 의지로 그들 잠재의식을 프로그램시켰던 것입니다. 그리고 그들은 다른 사람을 위해서 일할 수 있다는 인간만의 재능, 즉 서비스에 헌신할 수 있었기에 그 재능은 그들에게 커다란 풍요를 안겨준 것입니다.

 최고 경영자는 단연코 기업 내부의 가장 강력하고 가장 영향력 있는 인물이다.

-C.R.후크 2세 〈최고경영자에 관한 강연〉에서-

자기의 분야에서 전문가가 된다

'당신이 돈을 따라다니지 말고 돈이 당신을 따라다니게 하라'는
진리를 그들은 결코 잊지 않고 있습니다.

 행복을 발견하는 사람들은 오랜 시간을 투자해서 정규교육 과정을 착실히 밟아나가지 않아도 자신이 선택한 분야에서는 전문가입니다. 그들 자신이 어떤 분야를 선택하든 이 원칙에는 변함이 없습니다. 이번 달에 출시된 컴퓨터가 다음 달에는 구형이 되는 요즘과 같은 세상에서, 그들은 역시 결코 변화에 뒤처지지 않았습니다. 이런 변화가 그들에게 결정시키는 가장 핵심적인 요건의 하나이기도 합니다.

 행복을 발견하는 사람들은 적어도 자신이 선택한 분야에 대해서 완벽한 지식을 지니고 있습니다. 왜냐하면 무지야말로 성공을 가로막는 가장 커다란 장애물 중의 하나이기 때문입니다.

 그들은 다른 사람들에게 제공하려는 서비스나 제품의 질

을 먼저 생각했습니다. 이익추구는 그 다음의 문제입니다. 좋은 제품과 서비스가 제공된다면 돈은 자연스레 뒤따라옵니다. '당신이 돈을 따라다니지 말고 돈이 당신을 따라다니게 하라' 는 진리를 그들은 결코 잊지 않고 있습니다.

 전문가는 자기 특수분야에 있어서의 경험의 강도에 상식적인 통찰력을 희생시킨다.

-H.J. 래스키 〈하퍼즈 매거진〉에서-

열망을 가지고 있다

행복을 발견하는 사람들은 '무엇인가를 해내겠다는 뚜렷한 목표가 있지만
그 결과에 대해서는 연연하지 않겠다'는 마음가짐을 가지고 있습니다.

행복을 발견하는 사람들은 열망을 가지고 있습니다. 그리고 그 열망을 구체적이고 분명한 목표로 바꾸었습니다. 누구든지 그렇게 한다면 성공은 이미 보장된 것이나 다름없습니다. 이미 성공한 사람들에게 그들의 꿈이 무엇이었느냐고 물어보십시오.

그들은 자신의 꿈과 목표를 누구보다 뚜렷하고 분명하게 대답해 줄 것입니다.

또 그들은 무엇인가를 선택할 때마다 직관에 의존했습니다. 다른 사람들은 비과학적인 것이라고 비난하는 직관에 그들은 조금도 의심을 품지 않았던 것입니다. 요컨대 성공의 문을 확실하게 열어주는 열쇠 중의 하나는 '자신이 되고 싶은 것' '자신이 하고 싶은 것' '자신이 갖고 싶은 것'에 대해 정

확히 아는 것입니다.

"목표와 꿈에는 그 성취를 위한 씨앗과 메커니즘이 내재되어 있게 마련이다."

디팩 초프라의 말입니다.

행복을 발견하는 사람들은 단순한 소망을 넘어 수정처럼 명명백백한 열망을 가지고 있습니다. 또 그 열망을 목표로 승화시켰습니다.

무엇인가를 해내겠다는 목표를 가질 때 90퍼센트의 장애물이 저절로 사라질 것입니다. 그리고 남은 10퍼센트의 장애물을 이겨내기도 어렵지 않을 것입니다. 이것이 바로 목표의식이 갖는 힘입니다. 행복을 발견하는 사람들은 '무엇인가를 해내겠다는 뚜렷한 목표가 있지만 그 결과에 대해서는 연연하지 않겠다'는 마음가짐을 가지고 있습니다. 이것이 그들에게 행운을 확실하게 보장해주는 절대적인 원칙이 된 것입니다.

 인간은 정열도 행동할 때만 진정 위대하다.

-B. 디즈레일즈 〈커닝즈비〉에서-

제6장

이런 업무 스타일이 행복을 발견한다

하루를 보람있고 즐겁게

외출할 때는 '다녀오겠습니다.' 하며 큰 소리로 가족들에게
인사하는 것입니다. 가족을 향한 인사가 자신의 지반을 튼튼히 해주고
행복이 찾아오기 때문입니다.

행복을 이해할 때 빠질 수 없는 기본 철칙은 '환경이 운을 지배할 수도 있다'는 말입니다. 여기에서 '환경'이란, 의식주 및 대인관계 등 모두를 포함한 환경입니다. 즉, 입고 있는 옷이나 소지품, 먹는 음식, 주거환경은 물론이고 인간관계까지도 모두 그 사람의 운을 좌우하는 매체라고 할 수 있습니다.

그러면, 행복을 발견하기 위해 손쉽게 환경을 개선할 수 있는 행운의 법칙에는 어떤 것이 있을까요?

우선, 아침에 출근하기 전에 거울을 보며 거울 속에 비친 자신의 모습을 보고 미소짓는 것입니다. 얼굴은 가장 가까운 자신의 환경입니다. 아침, 하루를 열면서 어떤 표정을 짓느냐에 따라 그 날 하루의 환경이 '확' 바뀌게 됩니다.

행복의 법칙에서 거울은 기(氣)를 증폭시켜주는 물건으로 봅니다. '에게, 뭐 그까짓 것 가지고.' 하며 하찮게 여긴다면 모처럼 굴러 들어온 행복을 차버리는 꼴이 됩니다.

일상의 사소한 생활습관이 바로 행복을 발견하는 습관이 됩니다.

그리고 외출할 때는 '다녀오겠습니다.' 하며 큰 소리로 가족들에게 인사하는 것입니다. 가족을 향한 인사가 자신의 지반을 튼튼히 해주고 행복이 찾아오기 때문입니다.

행복은 아침에 피어나는 것입니다.

 일은 인간생활의 피할 수 없는 조건이며, 인간의 복지의 참된 근원이다.

-L.톨스토이 〈나의종교〉에서-

지금 당장 쓰지 않는 것은 버려라

수명이 다한 물건은 과감하게 버리는 것이 행복을 찾을 수 있는
지름길이 됩니다.

잘 버리는 사람이 운 좋은 사람이 된다는 말이 있습니다. 행운을 따르는 사람들은 자신의 운을 갉아먹고 있는 물건을 몸에 지니고 있는지를 자주 체크해봅니다.

그럼, 그들은 무엇을 버릴까요? 우선, 지금 당장 쓰지 않은 물건은 모두 쓰레기통으로 직행시킵니다. 언제가 필요할 것이라고 생각하고 고이고이 간직해 둔 물건이라도 오래된 것을 다시 재탕해서 사용하는 일은 후퇴의 기운을 흡수하게 되기 때문에 그런 일은 하지 않습니다.

오래된 다이어리를 갖고 다녀도 좋은 경우는 '억세게 운 좋은 해'의 다이어리에만 해당됩니다. 반대로 '억세게 운 사나운 해'의 물건을 지니고 다닌다면 그 해의 나쁜 영향이 계속 이어지기 쉽습니다

행복을 발견하는 사람들이 더욱 주의하는 것은 지갑입니다. 3년이 지난 지갑은 처분합니다. 특히 돈이 잘 돌고 돌지 않았던 지갑은 처분합니다. 왜냐하면 돈이 잘 돌지 않았던 지갑은 나쁜 의미에서의 '금' 의기가 퍼져서 금전 복이 바닥날 가능성도 있기 때문입니다. 사람과 마찬가지로 물건에도 수명이 있습니다.

수명이 다한 물건은 과감하게 버리는 것이 행복을 찾을 수 있는 지름길이 됩니다.

 운이 인간을 다스리지 인간이 운을 다스리지 않는다.

-헤로도토스 〈史書〉에서-

밝고 적극적인 말씨를 사용한다

운명을 쥐고 있는 열쇠는 자신이 내뱉는 말입니다. 가는 말이 고와야
행운이 따라옵니다.

대화에서 말하는 자세를 보면 그 사람의 운, 특히 비즈니스 운을 알 수 있습니다.

즉, 화술 하나로 운세, 특히 비즈니스 운을 크게 바꿀 수 있는 것입니다.

'말' 은 기운입니다. 보통 아무 뜻없이 내뱉는 말이 주위의 공기가 되어 자기 자신의 운세를 결정짓는 요소가 됩니다.

평상시 어떤 말을 사용하느냐에 따라 비즈니스 운은 크게 달라지게 됩니다. 기본적으로 욕설이나 험담 등 부정적인 말을 많이 내뱉는 사람은 설사 그 사람이 말하지 않고 침묵하고 있는 상태라도 항상 부정적인 공기가 주위에 맴돌아서 다른 사람에게 나쁜 인상을 줄 뿐만 아니라 근본적으로 운이 사나운 체질이 될 수도 있습니다.

반대로 어조가 밝고 긍정적인 사람은 침묵하고 있을 때라도 화기애애한 공기가 주위에 맴돌아 좋은 인상을 심어주며 행운을 불러오는 행운아로 거듭나게 됩니다.
　행복을 발견하는 사람들은 평소에 '나쁜 말, 미운 말'이 아닌 '좋은 말 고운 말'을 쓰려고 노력합니다. 그래서 어느새 행운이 성큼 그들에게 다가온 겁니다.
　운명을 쥐고 있는 열쇠는 자신이 내뱉는 말입니다. 가는 말이 고와야 행운이 따라옵니다.

 운은 대개 신중한 사람을 사랑한다.

-쥬베르 〈명상록〉에서-

부정적인 언어는 사용하지 않는다

남이 즐겁고 아울러 내가 즐거워지는 말을 입버릇처럼 달고 살기 때문에
금전 운이나 출세 운이 트이게 됩니다.

 입버릇처럼 내뱉는 말은 어떤 말인가요? 무심코 내뱉는 말 속에 현재가 들어 있습니다. 평소 부정적인 말을 달고 사는 사람들이 있는데, 부정적인 말은 목의 기운, 즉 업무나 발전의 기·젊음의 기를 꽉꽉 막아버립니다. 목은 진취적인 패기를 관장하기 때문입니다.

 부정적인 말을 내뱉음으로써 쉬 피로해지는 체질을 스스로가 만들고 있는지도 모릅니다.

 비관적인 말을 항상 입에 달고 사는 사람은 원래 타고난 행운도 깎아 먹기 일쑤입니다. 특히, 툭 하면 내뱉는 '어차피…' '안 돼' 라는 입버릇은 기를 싹둑싹둑 잘라버립니다.

 그 외에도 자포자기하는 뉘앙스의 말은 실제로 포기할 수밖에 없게끔 일을 어렵게 만들고, 인간관계에도 악영향을 끼

칠 수 있습니다.

행복을 발견하는 사람들은 평소 긍정적인 말을 사용함으로써 행운을 불러올 수 있도록 노력합니다. 뿐만 아니라, 그들의 밝고 환한 말씨에는 돈의 기, 즉 금전 운이 따릅니다.

그들은 남이 즐겁고 아울러 내가 즐거워지는 말을 입버릇처럼 달고 살기 때문에 금전 운이나 출세 운이 트이게 됩니다.

'말 한 마디가 천 냥 빚을 갚는다.' 동양의 격언은 진리입니다.

 불운은 행운이 무엇인가를 우리에게 알려준다.

-T.풀러 〈금언집〉에서-

행복이 찾아오는 사무실 환경

비즈니스 찬스는 아주 사소한 아이디어에서 생겨납니다.
그로 인해 행복이 찾아오게 됩니다.

사무실 환경은 비즈니스 운과 직접적으로 연결됩니다. 그렇다고 사무실 배치를 자기 맘대로 간단하게 바꿀 수는 없겠지요.

지금 책상 위에 서류가 산더미처럼 쌓여 있다면 그것부터 당장 치우는 것이 좋습니다. 쌓이면 무너지는 법, 서류를 블록 쌓듯이 쌓아올리는 행위는 지금까지 쌓아온 실적이나 주위의 평가를 망가뜨리는 결과를 초래할 것입니다. 행운을 부르는 사람들은 서류를 쌓아두지 않고 깔끔하게 분류해서 파일 속에 정리합니다.

필요 없는 서류를 마치 골동품 모시듯 책상 여기저기에 쌓아두거나 서랍 여기저기에 넣어두는 사람이 있는데, 그런 행위는 찬스에 약한 사람으로 만드는 주범이 될 뿐 아니라 서류들이 짓누르는 기로 인해 행동력 또한 떨어지게 됩니다.

보통 사무실이라면, 컴퓨터가 책상 위에 있기 마련인데 이 경우, 전자파 등 나쁜 의미에서의 '화' 기운이 넘쳐날 수 있기 때문에 행운을 부르는 사람들은 자신의 눈높이나 컴퓨터 주위에 자그마한 화분을 두어 자신만의 그린벨트를 만듭니다.

꼭 기억해야 되는 중요한 일은 수첩에 적어둡니다.

사무실에서 항상 시선이 가는 위치에 있는 물건도 행운에 커다란 영향을 끼칩니다. 자신의 눈높이에 유리로 된 반짝반짝 빛나는 소품을 두면 직감력이 쑥쑥 올라가고 기를 업그레이드시킵니다. 비즈니스 찬스는 아주 사소한 아이디어에서 생겨납니다. 그로 인해 행복이 찾아오게 됩니다.

 필요와 요행은 내게 접근하지 않는다. 내가 뜻하는 것은 운이다.

-밀턴 〈실락원〉에서-

책상 서랍과 메일 관리

중요 메일은 폴더를 따로 만들어 깔끔하게 정리해둡니다.
메일을 어떻게 관리하느냐에 따라 인간관계가 바뀌게 되기 때문입니다.

책상 서랍 안은 책상 위와 마찬가지로 비즈니스 운이 모이는 장소입니다. 행복을 발견하는 사람들의 3단 서랍일 경우의 기본 원칙을 알아보면, 위 서랍에는 자주 쓰는 문구류나 잡화를, 다음 서랍에는 개인 비품을, 그리고 마지막 서랍에는 서류 파일 등 무거운 물건을 넣어둡니다.

무거운 것을 윗간 서랍에 넣거나, 심지어 뒤죽박죽 섞여 있어서 어디에 뭐가 들어 있는지도 모른다면 회사에서 안정감을 찾기 힘들고 집중력이 떨어지는 것도 당연한 일이지요. 무거운 것은 가장 아래에 넣어둡니다. 오래된 서류를 쌓아두면 '동(動)'의 기운이 무거워져서 행동력이 떨어지고 인간관계에도 악영향을 끼치기 때문입니다. 필요 없는 것은 과감하게 처분하는 마음가짐이 무엇보다도 중요합니다.

서랍과 마찬가지로 컴퓨터도 행복에 영향을 미칩니다. 컴퓨터 내부는 잡동사니가 그대로 머물러 있기 쉬운 곳입니다. 특히 이메일의 '받은 편지함'이 온갖 스팸메일로 도배되어 있지는 않은지요? 메일은 인간관계나 자신에게 흘러 들어오는 정보운을 나타냅니다. 불필요한 메일을 그대로 방치해둠으로써 인간관계가 삐걱거리기 때문에, 또 기가 제대로 흐르지 못하기 때문에 행복을 발견하는 사람들은 불필요한 이메일이나 불쾌한 메일은 삭제 버튼을 눌러 제거합니다.

반대로 중요 메일은 폴더를 따로 만들어 깔끔하게 정리해 둡니다. 메일을 어떻게 관리하느냐에 따라 인간관계가 바뀌게 되기 때문입니다.

 우연히 현명해진 사람은 없다.

-세네카 《루길리우스의 서한집》에서-

소지품이 비즈니스 성공을 좌우한다

행복을 발견하는 사람들은 이렇게 몸에 가장 가까운 물건은 자기가 맘에 드는 것을 가지고 있어서 그들의 기분이 좋아집니다.

인간은 자기와 가장 가까이 있는 것에 가장 큰 영향을 받습니다.

우리에게 물리적으로 가장 가까이 있는 것은 아무래도 옷이라고 할 수 있습니다.

우리가 옷에서 받는 영향은 생각보다 훨씬 큽니다. 예를 들어서 좋은 재킷을 입으면 자연스럽게 등이 쭉 펴지고 싸구려 티셔츠를 입으면 몸놀림도 어색합니다.

옷에는 그 사람의 자신감과 남을 대하는 태도까지 바꿀만한 힘이 있습니다. 물론 비즈니스에도 영향을 미칩니다.

그러므로 행복을 발견하는 사람들은 옷차림에도 신경을 쓰고 외모를 단정하게 합니다.

행복을 발견하는 사람들은 '그런 것은 아무래도 좋다.' 고 생각하지 않습니다. 그런 행동은 자신을 아무렇게나 취급하는 것과 마찬가지이기 때문입니다.

구두나 시계, 액세서리 같은 장신구도 마찬가지입니다. 행복을 발견하는 사람들은 이렇게 몸에 가장 가까운 물건은 자기가 맘에 드는 것을 가지고 있어서 그들의 기분이 좋아집니다.

구체적으로 기분이 좋아지면 쾌락 호르몬이 분비되고 이 호르몬은 눈과 피부에 많은 영향을 주기 때문에 그들의 겉모습과 기분이 밝아집니다.

 요행이란 지각없는 말이다. 원인없이 존재하는 것은 아무 것도 없다.

-볼테르 〈철학적 사전〉에서-

매일 5분씩 「생각하는 시간」을 갖는다

행복을 발견하는 사람들은 어제보다 좋은 성과를 맺기 위해서
지금 맡고 있는 일을 어떻게 바꿀 수 있을까를
아침에 5분 동안 생각하고 하루를 시작합니다.

미국의 작가 마크 트웨인은 성공의 비결이 무엇이냐는 질문에 「하루 일과가 시작하기 전 5분 간의 생각」이라고 대답한 일이 있습니다. 생각해보면 누구나 하루 5분 정도는 생각하는 시간을 갖습니다. 그러나 그가 지적한 것은 똑같은 5분이라 해도 그 시간 동안 무엇을 생각하느냐에 따라서 성공과 실패로 나뉘어진다는 뜻입니다.

행복을 발견하는 사람들은 매일 일을 시작하기 전에 5분 동안 「어제와 다른 것」을 어떻게 실현시킬 수 있는지 생각합니다.

일상 업무는 날마다 반복되는 것이기 때문에 그것을 「상식」이라고 생각하게 됩니다. 이러한 일상 업무는 전체 업무 중에서 95%를 차지합니다. 상상력과 창의력을 발휘 할 수 있

는 업무는 단 5%입니다. 그러나 95%의 업무에 관심을 갖고 개선한다면 일의 성과는 비약적으로 향상될 것입니다.

행복을 발견하는 사람들은 어제보다 좋은 성과를 맺기 위해서 지금 맡고 있는 일을 어떻게 바꿀 수 있을까를 아침에 5분 동안 생각하고 하루를 시작합니다.

 시종일관하는 자는 운명을 믿고, 변덕부리는 자는 요행을 믿는다.

-B. 디즈레일러 〈비비안 그레이〉에서-

우선순위를 정하여 일을 처리한다

가장 중요한 일, 그 다음으로 중요한 일을 순서대로 정합니다.
물론 가장 중요한 일을 가장먼저 해야 한다는 것은 말할 필요도 없습니다.

행복을 발견하는 사람들은 일을 처리할 때는 반드시 일의 우선순위를 정한 다음 그 순서에 따라 처리합니다.

「나는 요령이 좋기 때문에 이것저것 동시에 할 수 있다」라고 하는 사람은 「동시 업무」도 좋은 방법이지만 그것이 불가능한 사람에게는 한 가지 일에 집중할 필요가 있습니다.

행복을 발견하는 사람들은 매우 바쁩니다. 한 가지 일을 끝내면 다른 일이 생깁니다.

그렇기 때문에 이것저것 해야 한다는 이유가 큰 부담을 줄 수도 있습니다. 그래서 그들은 일단 지금 당장 해야 할 일을 모두 기록하는 방법을 이용합니다.

하고 싶은 일은 누구에게나 많습니다. 그러나 이것저것 한

꺼번에 할 수 있는 일이란 없습니다. 그렇기 때문에 행복을 발견하는 사람들은 우선순위를 정하는 것입니다. 가장 중요한 일, 그 다음으로 중요한 일을 순서대로 정합니다. 물론 가장 중요한 일을 가장 먼저 해야 한다는 것은 말할 필요도 없습니다.

우선순위를 정했으면 그들은 즉 노트나 수첩에 기록합니다. 머리 속으로 생각하는 것만으로는 명확하지 않고, 돌발적인 업무가 있는 경우에는 자신이 정한 중요한 일을 할 수 없기 때문입니다. 수첩에 정확하게 기록해 두면 반드시 기억하고 행동으로 옮기게 되지요.

여기까지 오면 다음은 중요한 순서대로 실천하는 것입니다. 실천하기 전에는 무엇이 필요한지, 어떤 것을 갖추면 되는지를 파악하고 미리 준비해둡니다.

 잘 잡은 기회는 유리한 유일의 무기이다.
-J.유들 〈에섹스 경에게 보낸 편지〉에서-

매일매일 충실하게 산다

자신의 행동에 대해서 많은 연구를 합니다. 자신의 행동습관 중 불필요하고
낭비적인 요소들이 많이 있음을 알고 있습니다.

행복을 발견하는 사람들은 매일 매일이 중요한 하루라고 인식하고 있습니다. 매일 매일이 내 인생의 최초의 날이자 동시에 최후의 날이라고 생각하고 살아갑니다.

그런 태도를 갖고 있기에 자기의 인생을 최고의 성실과 정열과 감격을 가지고 살아가게 되는 것입니다.

인위적으로 노력하지 않아도 새날들이 자연히 오는 것으로 생각하는 사람이 있습니다. 그것은 착각입니다. 오늘은 내가 만들기 나름입니다.

행복을 발견하는 사람들은 오늘이 내 인생에서 처음이자 마지막 날이며 결코 다시 오지 않는 날이라고 생각하고 성실과 정열을 다해서 살아갑니다.

그러면 행복을 발견하는 사람들은 어떤 태도로 살아야 하

루하루를 충실하게 살아갈까요.

첫째, 그들은 훌륭한 계획을 갖고 하루를 시작합니다.

모든 참된 삶은 계획으로부터 시작합니다. 계획을 짜지 않고 좋은 결과를 얻으려는 것은 망상입니다. 또한 일과표를 작성하지 않으면 효과적으로 하루를 살아갈 수 없습니다. 일과표를 잘 짜고 일과표에 의해서 움직이면 무리 없이 하루 일을 해낼 수 있습니다.

둘째, 행복을 발견하는 사람들은 하루를 가급적 일찍 시작하는 것입니다.

일찍 일어나서 일찍 일을 시작하는 것이 좋은 출발입니다. 매일 일찍 일어나서 힘찬 출발을 합니다. 활동적으로 움직이면 머리는 명쾌해지게 마련입니다.

마지막으로, 행복을 발견하는 사람들은 효율적으로 행동합니다.

그들은 자신의 행동에 대해서 많은 연구를 합니다. 자신의 행동습관 중 불필요하고 낭비적인 요소들이 많이 있음을 알고 있습니다.

 요행히 이루어진 것은 진정한 자기 것이 아니다.

-루길리우스, 세네카 《루길리우스 서한집》에서-

제7장

● 좋아하는 일을 할 때 행복이 찾아오는 이유

에너지가 넘친다

가장 좋아하는 일을 해서 그들의 몸속에서
잠자고 있던 힘이 눈을 떴기 때문입니다.

　가장 좋아하는 일을 하면 마음이 두근거리고 에너지가 넘칩니다. 누구든지 자신이 좋아하는 일을 하면 그 일에 집중하게 됩니다. 그것이 바로 두근거리는 상태이지요.
　누구에게나 가장 좋아하는 일을 하면서 가슴이 두근두근했었던 경험이 있을 것입니다.
　바로 몸 속에서 저절로 힘이 용솟음쳐 에너지가 넘쳐나는 때입니다.
　이러한 상태가 되면 노력하거나 참으려고 억지로 애쓰지 않아도 그 일을 계속할 수가 있습니다. 좋아하는 일을 하고 있기 때문에 힘들다는 것조차 의식하지 못하기 때문입니다. 단지 정말 좋아하는 일을 집중해서 했는데 문득 정신을 차리고 보니 며칠이 지나 있었다는 것이 솔직한 행복을 발견하는 사람들의 심정이겠지요.

또한 보통사람이라면 노력을 요하는 일도 참으로 행복을 발견하는 사람들은 쉽게 성사됩니다. 그리고 거의 피곤함도 느끼지 않습니다. 아무리 오랜 시간 일을 했어도 또 그 일이 하고 싶어집니다. 잠을 조금 덜 자도 아무렇지 않습니다. 가장 좋아하는 일을 해서 그들의 몸속에서 잠자고 있던 힘이 눈을 떴기 때문입니다.

 세계 역사상 위대하고 당당한 모든 시기는 어떤 열의의 승리다.

-에머슨 〈자연, 연설 및 강연집〉에서-

잠재력이 발휘된다

가장 좋아하는 일을 하여 두근거림을 맛보면 재능은
저절로 발휘되기 때문이죠.

　행복을 발견하는 사람들은 자기가 가장 좋아하는 일을 함으로써 자신의 몸속에서 잠자고 있던 힘이 눈뜰 뿐만 아니라 자신의 재능도 100% 힘을 발휘하게 됩니다. 가장 좋아하는 일을 하고 있으면 자신도 눈치채지 못했던 재능이 나타난 것입니다. 계속해서 싹이 돋듯이 재능이 꽃을 피운 것이지요.

　이를테면 두근두근거리게 하는 파워가 잠재된 재능을 불러 일으키는 것과 같습니다. 자신도 생각지 못했던 재능이 나타나는 것이죠. 싫어하는 상사에게 이런저런 말을 듣고 억지로 할 때와는 전혀 다른 머리 회전 자체가 완전히 달라집니다.

　그들은 무아지경이 되어 그 일에 파고들기 때문에 계속해서 새로운 아이디어가 용솟음칩니다. 자신에게 이렇게 아이디어가 있었느냐며 새삼 놀랄 정도입니다.

보통사람들은 생각할 수 없는 천재적인 번뜩임이 그들에게 계속 생겨납니다. 이때는 그들이 아이디어를 짜내기 위해 고민하고 있다는 느낌이 전혀 안 듭니다. 즐거움과 두근거림 속에서 저절로 재능이 발휘될 뿐입니다. 가장 좋아하는 일을 하여 두근거림을 맛보면 재능은 저절로 발휘되기 때문이죠.

 모든 사람은 남이 없는 어떤 탁월함이 있다.

-푸불릴리우스 시루스 〈금언집〉에서-

지금 이 순간을 산다

행복을 발견하는 사람들은 현재에 충실합니다.
그들에게는 현재가 중요하기 때문입니다.

 행복을 발견하는 사람들은 자신이 가장 좋아하는 일을 하는 기쁨에 마음이 두근두근하고 자신의 재능을 십분 발휘할 수 있게 됩니다. 그 일을 하는 시간이 얼마나 즐거울지 어느 누구도 상상할 수 있을 겁니다. 어떤 사람이라도 진심으로 즐거운 시간을 보낼 수 있다면 행복해지는 건 시간문제입니다. 자신이 가장 좋아하는 일을 하는 사람이 행복해 보이는 것도 이 때문입니다.

 불행한 사람들은 바꿀 수 없는 과거의 일에 매달리고 장래에 일어나지도 않을 일로 걱정을 합니다. 행운을 부르는 사람들은 가장 좋아하는 일을 하기에 그의 머릿속에는 현재밖에 없습니다. 그들은 지금 이 순간을 살고 있는 것입니다.

 지금 현재를 살아가는 사람들은 큰 기쁨과 마음의 평안을 맛봅니다. 그것은 바로 자신이 가장 좋아하는 일을 하는 데 대한 포상입니다. 행복을 발견하는 사람들은 이런 포상을 많이 받고 있습니다.

행복을 발견하는 사람들은 현재에 충실합니다. 그들에게는 현재가 중요하기 때문입니다.

 장점과 훌륭한 예의는 어디서나 번영할 것이다.

-체스터 필드경 〈서한집〉에서-

사람들이 도와준다

*자신이 좋아하는 일을 하며 인생을 살아가는 사람의 마음은
온화하며 평안함으로 가득 차 있습니다.*

　가장 좋아하는 일을 하여 행복해진 그들에게 사람들이 모여듭니다. 지금까지는 행운을 부르는 사람들 자신이 두근거림을 느끼거나 재능을 발휘하는 등의 그들 내면의 변화에 대해 설명하였습니다.

　재미있는 것은 가장 좋아하는 일을 하여 내면에 변화가 생기면 주위에 영향을 끼치게 된다는 것입니다.

　설레는 마음으로 인생을 살아가는 사람들에게 많은 사람들이 몰려드는 까닭은 무엇일까요? 그것은 그들이 아주 매력적이기 때문입니다. 그 사람이 즐겁게 일하는 모습을 보면 누구든지 즐거워지거나 마음이 두근두근해지기 때문이지요. 또한 자신이 좋아하는 일을 하며 인생을 살아가는 사람의 마음은 온화하며 평안함으로 가득 차 있습니다.

그런 사람을 만난 적이 있을 것입니다. 자신이 좋아하는 스파게티 맛의 비결을 설명하는 아저씨가 될 수도 있겠고 꽃을 너무나 사랑하는 가게 점원일지도 모릅니다. 그런 사람들과 함께 있으면 보는 사람까지 행복한 기분을 느끼게 됩니다. 그런 멋진 사람을 만나고 싶고, 감사하고 싶고, 응원하고 싶다고 느끼는 것이 인간의 보편적인 심리입니다.

스파게티 집 앞에 줄이 이어지는 것은 맛있는 스파게티를 먹고 싶기 때문만은 아닙니다. 그 가게의 두근두근 에너지를 느끼고 거기에서 에너지를 얻고 싶다는 무의식도 작용하는 것이지요.

 여러 손이 모이면 일이 가벼워진다.

-라이트 〈정치 시집〉에서-

만족한 마음이 든다

행복을 발견하는 사람들은 좋아하는 일을 하면서
항상 만족한 마음으로 생활합니다.

 두근거리며 자신이 좋아하는 일을 하고 있으면 돈도 그런 사람이 있는 곳으로 모여듭니다. 그들의 팬이 된 사람이 팬레터로서 그들에게 돈을 갖고 오기 때문이지요.

 누구든지 만일 이런 마음으로 가게를 경영하고 있다면 그들에게 물건을 사고 싶다거나 서비스를 받고 싶다는 사람이 줄을 설 것입니다. 누구든지 자신이 좋아하는 가게에 가서 기분 좋게 돈을 지불하고 친구를 소개한 경험이 있을 것입니다. 마찬가지로 손님은 그들이 기뻐하는 모습을 보고 싶어 돈을 갖고 오거나 친구나 지인까지 데려오는 것입니다. 그들은 그저 감사히 그것을 받습니다.

 좋아하는 일을 하며 만족한 마음으로 팬들에게 둘러싸여 돈을 받는 그들은 아주 매력이 넘쳐 점점 더 많은 사람을 빨아들이는 파워가 됩니다. 여기까지 오면 이제 그들은 행운을 부르는 사람으로의 길을 확실히 걷고 있다고 말할 수 있습니다.

행복을 발견하는 사람들은 좋아하는 일을 하면서 항상 만족한 마음으로 생활합니다.

 만족은 부요, 마음의 풍요이다. 그런 풍요를 찾을 수 있는 자는 행복하다.

- J. 드라이든 〈바드의 아네이야기〉 에서-

제8장
● 이런 사람들은 행복을 발견하지 못한다

돈에 대해 진지하게 생각하지 않는다

행복을 발견하는 사람들은 돈과 진지하게 마주섭니다.
인생을 어떻게 살 것인지 고민하며 매일 머리를 씁니다.

 행복을 발견하지 못한 사람들의 가장 큰 특징은 돈을 중요한 것으로 진지하게 다루지 않는다는 것입니다. 보통사람들은 '생활하는 데 지장 없을 정도면 좋아'라고 생각하고 있으며 곤란한 일이 닥치지 않는 이상 돈에 대해 깊이 생각하지 않습니다.
 한 조사에 따르면 대부분의 사람들은 아침에 일어나 밤에 잠이 들 때까지 돈에 관련된 생각을 수백 번은 한다고 합니다. 아침 출근길에 자신이 사고 싶은 자동차가 눈앞에 지나가면 그들은 '와, 좋다…하지만 이번 달 보너스도 줄어들 텐데 저 차를 어떻게 사'라고 생각합니다. 점심식사를 하러가서는 '어젯밤 술값으로 많이 나갔으니 오늘은 간단히 먹자'라든지 '저 여자 입고 오는 블라우스 멋진 걸…. 그렇지만 비싼

브랜드 옷이니 나에게는 무리야'라고 생각합니다. 모두들 돈에 관한 생각이 부정적이고 진지하지 않아 보입니다.

돈에 대해 '진지하게 생각한다'는 것은 돈과 진지하게 마주 서는 것을 의미합니다.

돈 때문에 인생이 재미없어진 현상에 대해 진지하게 생각한다는 말입니다. 대부분의 사람들은 이것을 생각하지 않습니다. 돈을 쓰는 것에 대해서는 늘 생각하면서도 돈에 대해 완벽하게 알려고는 하지 않지요. 그것이 행운이 따르지 않는 사람들이 돈과 인연이 없는 일생을 살게 되는 커다란 이유입니다.

행복을 발견하는 사람들은 돈과 진지하게 마주섭니다. 인생을 어떻게 살 것인지 고민하며 매일 머리를 씁니다.

 돈은 모든 일의 원동력이다.

-비온, 디오게네스 라에르티우스 〈비온傳〉에서-

필요한 지식을 배우려 하지 않는다

보통사람들은 부자가 되기 위해서는 체계적인 지식이 필요하다는 것도
알지 못하기 때문에 그런 지식이 있다는 말을 들어도
알려고 노력도 하지 않습니다.

사업으로 성공하기 위해서는 최소한 알고 있어야 할 지식이 많습니다. 그것은 돈에 관한 지식이기도 하고 세금이나 비즈니스 실무 지식이기도 합니다. 그러나 그 모든 것을 체계적으로 가르쳐주는 곳은 거의 없습니다. 그 지식을 모르면서 성공하겠다는 것을 알면 쉽게 갈 수 있는 길을 멀리 돌아가려는 것과 같다고 생각합니다.

성공한 많은 사람들은 여러 사람에게 도움을 받고 그 지식을 자신의 것으로 만듭니다. 유대인들은 대대로 자식에게 그들의 노하우를 전승하고 있으며 대를 물려받을 기업가의 자식 또한 그 노하우를 철저하게 배웁니다. 인사하는 방법부터 돈의 씀씀이, 사람과의 사귐까지 아주 세세한 것도 가르치고 있습니다. 대기업을 물려받은 재벌 2세가 동급생이었기 때문

에 필자는 그들이 무엇을 배웠는지 자세하게 들을 수 있었습니다. 또한 스무 살 때 묘한 인연으로 한 유대인 부호에게 부의 비결을 들을 행복을 가졌습니다.

흥미롭게도 유대인의 가르침은 필자가 어렸을 때 아버지에게 들은 금전 철학과 상당히 닮아 있었습니다. 한편 보통사람들은 부자가 되기 위해서는 체계적인 지식이 필요하다는 것도 알지 못하기 때문에 그런 지식이 있다는 말을 들어도 알려고 노력도 하지 않습니다. 그렇지만 잡지나 매뉴얼에서 읽은 잡다한 정보는 꽤 많이 알고 있습니다.

 지식은 힘이라기 보다는 그 이상의 것이다.

-S.존슨 〈라셀라스〉에서-

일찍 포기한다

포기한 보통사람들 가운데는 꽤 좋은 환경의 사람들도 있습니다.
그런데도 그들 역시 포기해 버립니다.

누구든지 이 세상을 살아가면서 부자가 되고 싶다는 생각을 한두 번은 해봤을 것입니다. 텔레비전이나 잡지에서 부자나 스타의 생활상을 보며 부러워했던 적도 있었을 것입니다. 그러나 행운이 따르지 않는 보통 사람들은 현실 속의 자신과는 너무나 동떨어져 있는 것이라고 정의를 내리고 자신도 그렇게 될 수 있다고는 생각하지 않습니다. 부자가 되는 것은 스타가 되는 것과 같아서 재능과 운이 필요하다고 생각해버립니다.

돈과 인연이 없는 사람들은 '나에게 금전 운은 없어. 한평생 돈과는 인연이 없을 것 같아'라고 미리 포기해버립니다. 행운을 부르는 사람으로 가는 여행에서 가장 큰 장애는 '나는 안 돼'라는 생각입니다. 어떤 악조건에 놓여 있는 사람이라도 포기하지 않으면 틀림없이 길은 열리게 되어 있습니다. 그런데 행복을 발견하지 못한 사람들은 포기해 버립니다. 포기한 보통사람들 가운데는 꽤 좋은 환경의 사람들도 있습니다. 그런데도 그들 역시 포기해 버립니다.

 행운의 날은 추수의 날과 같다. 곡식이 익으면 우리들은 꼭 바쁘게 된다.

-괴테 〈토르콰토 타소〉에서-

돈에 대한 장기적인 안목이 없다

젊었을 때 쓰는 돈에는 큰 차이가 없겠지만 장차 부자가 될 젊은이는 그 한정된 자원을 최대한으로 이용하고 있습니다.

부자가 되는 과정은 게임과 같습니다. 그리고 그 게임은 장기전입니다. 행복을 발견하는 사람들은 이 장기전을 대비합니다. 돈에 대해 생각하기 시작한 것이 20세라면 75세까지 산다고 했을 때 55년의 세월이 놓여있습니다. 누구든지 그동안에 돈과 잘 사귀고 돈에 관해 마스터할 수 있다면 죽을 때까지 돈 때문에 곤란해지는 일은 없을 것입니다. 하지만 현실은 냉엄합니다.

미국의 통계는 더 심각합니다. 미국 사회보험청 자료에 의하면 60세 미국인 가운데 경제적으로 독립한 사람은 단 3%에 불과합니다. 나머지는 가족에게 의지하거나 연금, 파트타임으로 받는 수입, 생활보조금으로 근근히 연명하고 있는 것이 현실입니다.

행복을 발견하는 사람들은 장기적인 눈으로 사물을 봅니다. 지금 자신이 쓰는 돈이 자신의 장래에 어떤 영향을 끼칠 것인지 항상 생각합니다.

젊었을 때 쓰는 돈에는 큰 차이가 없겠지만 장차 부자가 될 젊은이는 그 한정된 자원을 최대한으로 이용하고 있습니다.

평생 돈과 인연이 없는 사람은 아주 단기적인 시야로 사물을 봅니다. 그들은 지갑 속의 돈은 전부 써도 괜찮다고 생각합니다. 이러한 작은 차이가 수십 년 동안 쌓이고 쌓여서 커다란 차이를 만들어냅니다. 그러므로 돈을 모으는 일이나 여러 가지 준비도 가능하면 젊을 때 시작하는 것이 좋습니다. 미국에서는 아이가 태어나면 대학 학비를 위한 계좌를 개설하는 젊은 부모가 많이 있습니다.

 돈은 모든 사람이 그 앞에 엎드리는 유일한 권력이다.

-S. 버틀러 〈휴디브러스〉에서-

전략과 행동력이 없다

많은 사람들은 완벽한 계획을 세울 때까지 행동하지 않습니다. 행복을 발견하는 사람들은 할 수 있는 것부터 해본다고 하는 태도로 인생을 살아갑니다.

　행복을 발견하는 사람들은 젊어서부터 절약에 힘쓰며 돈에 관해 공부하고 자신이 좋아하는 일을 하며 생활하므로 60세가 되면 거의 부자가 되어 있습니다. 돈 걱정하지 않을 정도인 그들은 젊어서 수많은 방법을 알고 난 뒤 자신에게 가장 잘 맞는 방법을 택했습니다. 마치 어딘가에 갈 때 비행기나 배, 자동차나 오토바이중 어느 것을 탈 것인지 걸어 갈 것인지를 정하는 것과 같습니다.

　그 다음은 그들은 현재와 목적지의 정확한 위치를 알았습니다. 지금 누구든지 보통의 급여를 받고, 보통사람들과 사귀고, 보통의 사고방식을 갖고 있다면 장래 우연히 부자가 되는 일은 추호도 없습니다.

　행복을 발견하는 사람들은 지금 자신이 있는 위치에서 어떤 방법으로 부자가 될 수 있을지 시뮬레이션을 했습니다. 그 위에 구체적인 전략을 세웠던 것입니다.

어느 날 문득 갑자기 부자가 되는 일은 없습니다. 스스로 사업을 시작하거나 매월 차곡차곡 모은 돈으로 주식이나 부동산을 사들이는 등 무언가 체계적이면서 구체적인 행동을 했던 것이지요. 물론 그렇게 한다고 해서 다 잘되는 것은 아닙니다. 그러나 계획이 없으면 아무것도 시작되지 않습니다.

많은 사람들은 완벽한 계획을 세울 때까지 행동하지 않습니다. 행복을 발견하는 사람들은 할 수 있는 것부터 해본다고 하는 태도로 인생을 살아갑니다.

 위대한 행동은 위대한 정신을 말해준다.

-J. 폴레쳐 〈여자예언자〉에서-

일을 나중으로 미루는 버릇이 있다

행복을 발견하는 사람들은 행동이 매우 빠릅니다. 필요하다고
생각한 것은 얄미울 정도로 빨리 하지요. 보통사람들은 같은 필요성을
느껴도 실제 행동으로 옮기지 않습니다.

행복을 발견하는 사람들은 행동이 매우 빠릅니다. 필요하다고 생각한 것은 얄미울 정도로 빨리 하지요. 보통사람들은 같은 필요성을 느껴도 실제 행동으로 옮기지 않습니다. 그런 조그마한 차이가 오랜 기간을 거쳐 큰 차이를 낳는 것입니다.

돈과 인생의 게임은 오래되면 오래될수록 유리하게 되어 있습니다. 그러니 예를 들어 수입의 10% 저금도 가능하면 빨리 시작하는 것이 유리합니다.

돈과 인연이 없는 사람은 마냥 미루어버리고 맙니다.

'이번 달은 친구가 두 사람이나 결혼하니까 다음달부터 하자'라며 저금을 시작도 하지 않습니다. 이러한 성향의 사람은 일생 동안 계속 그럴싸한 변명을 합니다.

행복을 발견하지 않은 사람들에게는 젊었을 때는 연애하

니까 돈을 모을 수가 없어, 결혼해서 아이가 생기면 양육비 때문에, 아이가 학교에 들어가면 학비 때문에, 아이가 독립하면 여행 가기 위해서 등 돈을 모을 수 없는 이유가 일생 동안 계속됩니다. 그러다 보면 때를 놓치게 되지요.

반면 행복을 발견하는 사람들은 저금을 먼저 합니다. 그리고 돈이 모자라면 월말에 빵 부스러기로 연명하는 것을 아무렇지도 않게 생각합니다.

'젊을 때는 돈이 많이 안 들어가니 저금할 수 있어. 아이가 어릴 때는 돈이 안 들어가니까 저금할 수 있어.' 같은 상황이라도 행복을 발견하는 사람들은 이렇게 생각합니다. 그러다 보면 생각지도 않은 곳에서 돈이 들어온 것처럼, 평생 돈 때문에 곤란해지는 일은 없게끔 된다는 것을 깨닫게 됩니다.

 자기 운명을 피하는 자는 드물다.

-아리오스트 〈오틀란도 푸리오소〉에서-

인도해 줄 스승이 없다

훌륭한 친구는 인생이라는 여행을 즐겁게 해줄 뿐만 아니라 인생에서 얻을
수 있는 최고의 보물 중 하나이기 때문입니다.

돈에 관하여 스승이 누구였는지 한번 쯤 떠올려보는 것이 좋습니다. 그 사람은 행복을 발견하는 사람이었습니까? 돈과 건강하게 사귀었습니까? 평상시 사귀는 사람들은 행운을 부르는 사람이었습니까? 당신은 인생을 바꿀 노력을 하고 있습니까? 만약 이러한 질문에 '아니오'가 많다면 당신의 장래는 희망이 없다고 해도 과언이 아닙니다.

또한 좋은 친구는 부자가 되어 가는 과정에서 소중한 재산입니다.

인간은 평상시 자주 만나는 사람들에게 큰 영향을 받습니다. 그 사람들의 사고방식, 삶의 방식을 자신에게도 적용시키는 경향이 있지요. 그러므로 친구 사귈 때에는 최대한 주의를 기울이는 것이 좋습니다. 친구는 당신의 본질을 이해하고 마

음으로부터 도움을 주고 있나요? 당신 주변의 친구들과 동료는 어떤 사람입니까? 혹시 당신이 평상시 사귀는 대부분의 사람들이 돈과 인연이 없는 사람들이라면 당신이 장래 부자가 될 가능성은 적다고 할 수 있습니다. 주변 사람들은 당신 장래를 비추는 거울이기 때문이지요.

주변의 친구들이 보통사람들인데 어느 날 갑자기 당신만 부자가 될 리는 없습니다.

주변의 친구들이 당신 다리를 잡고 늘어진다든지 변하지 못하도록 압력을 가한다면 그 친구들과 헤어지는 편이 낫습니다. 반대로 함께 풍요로움의 길로 들어서길 원하는 친구라면 다른 무엇보다도 그 친구를 소중히 여겨야 합니다. 훌륭한 친구는 인생이라는 여행을 즐겁게 해줄 뿐만 아니라 인생에서 얻을 수 있는 최고의 보물 중 하나이기 때문입니다.

 스승은 영원히 영향을 준다. 스승은 자기의 영향을 미치지 않은 곳을 결코 말할 수 없다.

-H.B. 애덤즈 〈헨리애덤즈의 교육〉에서-

제9장

● 행복을 발견하지 못했을 때의 상황

돈이 주인이 된다

돈이 자신의 주인이 되든지 자신이 돈의 주인이 되는 것입니다.
다른 관점에서 말하면 자신이 돈을 위해 일할 것인가 돈이 자신을 위해
일하게 할 것인가 둘 중 하나입니다.

돈의 주인이 되지 않으면 돈 때문에 일하는 인생이 되어버립니다. 구체적인 예를 들면 회사원이나 공무원을 들 수 있겠지요. 돈 때문에 일한다는 의미에서 자영업자도 예외는 아닙니다. 이런 면에서는 이들은 행운을 부를 수 없는 사람이라고 할 수 있습니다.

돈과 사귀는 방법은 두 가지밖에 없습니다. 돈이 자신의 주인이 되든지 자신이 돈의 주인이 되는 것입니다. 다른 관점에서 말하면 자신이 돈을 위해 일할 것인가 돈이 자신을 위해 일하게 할 것인가 둘 중 하나입니다.

돈이 자신을 위해 일하게 하는 지혜와 자각이 없으면 돈을 위해 일할 수밖에 없습니다. 그리고 그런 일은 대개 스트레스를 많이 받습니다.

돈 때문이 아니고 지금 하고 있는 일이 정말로 즐거워서 하고 있는가 하는 방법은 간단합니다. 복권에 당첨되어 몇 십만불이 들어와도 지금 하고 있는 일을 계속하느냐 하는 것입니다.

돈이 들어와도 일의 양이나 스타일을 바꾸지 않는다면 지금의 일을 정말로 즐기고 있는 것입니다. 그런 경우라면 스트레스를 받고 있지 않다는 뜻이죠.

만약 복권에 당첨되어 일을 그만두거나 일의 양을 줄이길 원한다면 그 사람은 지금의 일을 마음으로부터 즐기고 있지 않다는 뜻입니다. 주 5일의 일을 이틀로 하겠다고 말하는 사람은 주 3일은 돈 때문에 일하고 있음을 말하고 있는 것이지요.

 돈은 좋은 하인이지만 나쁜 주인이다.

- 베이컨 〈메네기아나〉에서 -

자신의 시간을 마음대로 쓸 수 없다

보통 사람들이 돈 때문에 일하는 비참함의 하나가
자유를 빼앗기는 것입니다.

보통 사람들이 돈 때문에 일하는 비참함의 하나가 자유를 빼앗기는 것입니다. 지금은 당연시되고 있지만 몇 세기가 지난 뒤 현재를 돌아보면 21세기 초는 인생에서 자유롭게 일할 수 있는 기본적인 인권도 없었던 시대로 기억되겠지요.

보통 사람들은 평일 저녁에 가족과 식사를 하는 소중한 권리마저 빼앗기고 있습니다. 물론 돈 때문이죠. 주변 사람 모두 그러하기 때문에 의식하지 못하는지도 모르지만 잘 생각해보면 정말 불쌍한 이야기입니다. 토요일이나 일요일을 제외하고는 아이와 여유 있게 지낼 시간조차 없기 때문이지요.

직장생활을 하기 시작하면 시간적으로도 제약을 받지만 돈과 정신적인 자유 또한 잃어버리고 맙니다.

힘껏 실적을 올려도 자신만 홀로 급여를 많이 받는 것을 용납하지 않습니다. 몇 십 만불을 더 벌었어도 몇 만불을 보너스로 주는 회사는 없습니다. 벌어다 준 돈은 이 작은 사회주의 국가에서 복 받지 못한 사람에게로 가게끔 되어 있기 때문이지요.

독립하여 사업을 하고 있는 자영업자 역시 돈 때문에 일한다고 할 수 있습니다.

24시간 대기해야 하므로 샐러리맨보다 더 혹독한 스케줄에 얽매여 일을 해야만 합니다. 고객으로부터 클레임 전화라도 오면 그 즉시 달려가야 합니다. 휴일에도 일을 우선시해야 하기 때문에 샐러리맨보다 상황은 더 나쁠지도 모릅니다. 이 모두가 행복을 발견하지 못한 사람들이 돈 때문에 겪는 비애입니다.

 마음이 있는 곳에서만 보물이 발견될 수 있다.

- J.M. 베리 〈터미와 그리젤〉에서 -

돈을 둘러싸고 일어나는 부부간의 긴장감

부부간에도 돈에 관해 자주 대화하지 않으면 두 사람 사이에는
긴장감이 쌓이게 되어 있습니다.

보통 사람들은 부부사이에 돈으로 인해서 많은 문제점이 생깁니다.

어떤 조사 결과를 봐도 이혼 사유의 일등 공신은 돈을 둘러싼 문제라고 나옵니다. 성격차이 등의 사유는 돈과는 관계없는 것처럼 보이지만 넓게 보면 결국은 돈의 씀씀이와 관련되어 있으므로 사실상 돈은 결혼생활에 정말 중요한 요인임에 틀림없습니다.

모든 생활이 돈과 관련되기 때문입니다. 사고 싶은 물건이나 원하는 물건에 비해서 수입은 압도적으로 적은 것이 보통 사람의 현실입니다. 돈의 씀씀이는 사람에 따라 전혀 달라집니다.

환경이 달랐던 남녀가 하나의 지갑에서 돈을 이리 쓰고 저

리 쓰고 하는 것입니다.

잘해나가는 것이 어쩌면 무리일지도 모릅니다. 신혼일 때는 그래도 서로를 용서합니다. 수년이 흘러도 이러한 갭은 메워지지 않는 경우가 많습니다. 문제의 본질은 대화 부족이지만 그것이 돈의 문제로 부각되기 시작합니다.

옷, 차, 먹거리, 교제 그리고 여행 등 현대 사회에서는 인간에게 돈을 쓰도록 만드는 교묘한 장치가 너무도 많습니다.

부부간에도 돈에 관해 자주 대화하지 않으면 두 사람 사이에는 긴장감이 쌓이게 되어 있습니다. 그래서 남편은 아내의 씀씀이를 힐책하고 아내는 남편의 돈벌이를 비난합니다. 이렇게 되면 이제 그 가정은 엉망진창이 돼버립니다.

보통 사람들에게는 돈이 있다고 해서 남녀간의 문제가 해결될 거라고 생각하지는 않지만 돈에 얽힌 스트레스가 엄청난 것임에는 틀림없을 것입니다.

 우리에게 돈이 있으면 공포 속에 있고, 돈이 없으면 위험 속에 있다.

- J. 레이 〈영국 격언집〉에서 -

대화가 없는 가정

돈으로 인해서 가족간의 대화가 단절되는 경우가 많습니다.
돈과 건강하게 교제하면 가족과의 대화도 순조롭습니다.

 돈으로 인해서 가족간의 대화가 단절되는 경우가 많습니다. 돈과 건강하게 교제하면 가족과의 대화도 순조롭습니다. 이런 아빠라면 딸은 아빠를 계속 사랑할 것이고, 힘든 일이 있을 때마다 아빠와 상담을 할 것입니다. 여기서 아빠의 경쟁력 유무는 관계없습니다.

 어떤 아빠, 엄마가 되고 싶습니까?

 인간관계에서나 친구를 사귈 때에도 자신의 돈에 대한 건강 정도로 그 질이 달라집니다.

 돈과 잘 사귀면 돈과 얽혀서 우정에 금이 가는 일은 없어집니다. 친구에게 액수가 적은 돈으로 사기를 당해 불쾌했던 경험은 누구라도 있을 것입니다. 결혼식 축의금을 인색하게 굴거나 빌려간 돈을 잊어버리고 떼어먹은 경우도 있을 것입니다. 빌려준 쪽은 절대 말하지 않겠지만 당신에게 빌려준 돈을 잊어버린 것은 아닙니다.

　이 모두가 돈 때문에 일어나는 일들이지요.

 돈이 있으면 걱정이 되고, 돈이 없으면 슬퍼진다.
-G.허버트 〈명궁(名弓)〉에서-

우정의 힘을 자각하지 못한다

진정한 우정은 행복과 불행의 관계없이 불변하는 것임을 알아야 합니다.

행복을 발견하지 못한 사람들은 사랑과 우정의 힘을 자각하지 못합니다.

우리가 인생을 살면서 사랑과 우정은 우리 자신을 만드는 원동력이요, 우리 자신을 나답게 만드는 가장 인간적인 힘이라는 것을 그들은 깨닫지 못합니다.

행복을 발견하지 못했을 때는 사랑과 우정은 결국 자기 자신을 사랑하는 것이라는 것을 깨닫지 못합니다. 그래서 귀한 존재임을 알지 못하는 것이지요.

우리는 생을 살아가면서 많은 시간을 낭비하고 있습니다. 바쁘게 살아도 부족한 시간을 서로 다투면서 허비할 때가 많습니다. 우정관계도 마찬가지입니다. 인생을 살아가면서 친구는 참으로 소중한 존재입니다. 그러나 불운이 따를 때는 진정한 친구를 깨닫지 못합니다. 이것은 이기주의나 무관심 때문이지요.

불운이 닥쳤을 때에도 주위의 친구들을 둘러보세요. 그들과 즐거웠던 지난날과 웃음들을 기억하면 다시 용기를 얻을 수 있을 겁니다.

그런데도 행복이 따르지 않으면 친구도 우정도 필요 없는 존재로 인식하기 쉽습니다. '내가 이렇게 어려운데 그들이 무엇을 도와주겠는가?' 하는 단세포적인 생각을 하게 됩니다.

친구들이 불운 때문에 멀리하는 것이 아니라, 자신의 이기심과 무관심 때문에 인생항로를 비틀거리며 지내다가 불행이 찾아왔으며 친구마저 멀어졌다는 것을 자각하지 못하는 것입니다.

진정한 우정은 행복과 불행의 관계없이 불변하는 것임을 알아야 합니다.

인생은 많은 우정에 의하여 강화되어야 한다.
사랑하는 것과 사랑받는 것은 실재하는 가장 큰 행복이다.

-스미드,홀런드 여사 〈회고록〉에서 -

꿈과 설렘이 없는 지루한 인생

매일 똑같이 반복되는 생활에 정열도 없어지고 모래를 씹는 것 같은 인생이
되어버립니다. 꿈이 없는 생활은 지루하기 그지없습니다.

　당신은 매일 즐겁고 설레는 생활을 보내고 있습니까? 그와 반대로 생활을 위해 좋아하지도 않는 일을 하고 있으면 나다움을 잃어버리게 됩니다.

　또한 매일 똑같이 반복되는 생활에 정열도 없어지고 모래를 씹는 것 같은 인생이 되어버립니다.

　꿈이 없는 생활은 지루하기 그지없습니다.

　프랑스의 문호 빅토르 위고는 '따분한 인생은 창살 없는 우리'라고 했습니다.

　'어차피'라든가 '어쩔 수 없어'라는 말이 나오면 요주의입니다.

　만약 당신이 거의 매일 따분함을 느끼거나 아무것도 느끼지 않는 무감동의 인생을 보내고 있다면 자신에게 물어볼 필

요가 있습니다.

'나는 왜 이 일을 하고 있는가?'

행복을 발견하는 사람의 인생은 하루 하루가 평안하고 조용한 설렘으로 가득 차 있습니다. 아주 사소한 일에 즐거워하며, 감사하며, 마음 깊은 곳에서 기쁨을 느끼며 생활하고 있습니다. 자신의 꿈에 한 발작씩 가까워지고 있다는 것을 실감하기 때문입니다.

 희망은 그 자체가 일종의 행복이며, 이 세상이 베풀어주는 주된 행복일 것이다.

- S. 존슨. 보르웰 〈존슨傳〉에서-

평상시 돈에 대한 걱정과 노후 불안

노후 불안도 보통사람들이 겪는 스트레스입니다. 젊었을 때부터 저금을 해온
노인들은 연금을 받고 있기 때문에 이런 걱정은 필요 없을지도 모릅니다.

보통 사람은 아침에 일어나서 잠자리에 들 때까지 끊임없이 돈 때문에 고민하고 있습니다. 그러나 그 대부분이 부정적인 생각입니다. 또 봉급쟁이들은 자신의 급여가 불황에 삭감되지나 않을까 조마조마해합니다. 상사가 기분 나쁜 얼굴로 자신을 호명하면 심장이 철렁 내려앉습니다.

인생의 여러 가지가 돈에 의해 제약을 받습니다. 잘 곳, 먹거리, 교통수단, 취미, 입을 것, 소지품 등 모든 것이 의식하든, 못하든 돈에 의해 정해지기 때문입니다.

노후 불안도 보통 사람들이 겪는 스트레스입니다. 젊었을 때부터 저금을 해온 노인들은 연금을 받고 있기 때문에 이런 걱정은 필요 없을지도 모릅니다. 문제는 앞으로 일어날지 모르는 거품경제와 그 붕괴에 의한 피해를 직접 입게 될 40~50

대들입니다. 이 세대가 노인이 되었을 무렵에는 연금도 그다지 기대할 수 없게 되었습니다.

  행복을 발견하는 사람들은 이 때를 대비해 준비하고 있습니다.

 돈은 인간의 안녕과 행복에 필요한 거의 모든 것의 상징이다.

-E.E. 빌즈 〈재정적 성공의 법칙〉에서-

제10장

이렇게 하면 일상에서 행복을 느낀다

자신을 변화시켜 본다

나답게 살며 자신이 가장 좋아하는 일에 몰두한 사람은 매력적이기 때문이지요. 자기 자신을 좋아하게 되며 주위 사람에게도 관대해집니다.

행복을 발견하는 사람들은 모두 예전에는 보통사람이었습니다. 물론 지금도 그들은 자신이 보통사람이라고 말합니다.

그들은 자신의 재능에 자신감을 갖지 못하고 바쁘게 하루하루 쫓기며 살아왔습니다.

그들이 보통사람과 다른 점이 있다면 '이대로는 안 돼!'라고 강하게 느꼈다는 것입니다. 그래서 자신이 무엇을 하고 싶은지 진지하게 찾아보았으며 시행착오를 거쳐 정말 좋아하는 일을 찾아내게 되었던 것이지요. 이후에도 여러 가지 시련과 마주쳤지만 가장 중요한 것은 지금까지의 생활 패턴을 깨뜨리는 일이었습니다.

행복을 찾으려는 사람들은 매일을 나른하게 흘려보내지 않았으며 자신을 변화시켜 보겠다고 결심했습니다. 그렇지만 그 결심이 거의 지속되지 않는 것이 보통이지요.

보통사람들은 주변에 맞추기 위해 안간힘을 쓰며 나다움과는 거리가 먼 생활을 하고 있습니다.

누구든지 일상에서 좋아하는 일을 하지 않으면 불안해지고 내면의 충족감을 느낄 수 없게 됩니다. 무엇보다도 비극인 것은 많은 사람이 그런 감정을 느끼지 못하고 텔레비전을 보거나 술, 일, 먹는 것에 몰두하고 있다는 것입니다.

행복을 발견하는 사람들은 생활에 조금이라도 동경심을 느낀다면 첫 스텝은 싫어하는 일을 그만두고 좋아하는 일을 조금씩 해나가는 것입니다. 좋아하는 일을 하기 시작하면 좋은 일이 연쇄적으로 일어납니다. 예를 들면 자신이 정말 좋아하는 일을 하는 사람들에게는 남녀관계에서도 축복을 받는 경품이 따라옵니다. 나답게 살며 자신이 가장 좋아하는 일에 몰두한 사람은 매력적이기 때문이지요. 자기 자신을 좋아하게 되며 주위 사람에게도 관대해집니다.

 하느님을 제외하고는 모든 것이 나날이 변하고 있다.

-C.킹즐리 〈성인의 비극〉에서-

우러러 보는 사람을 만난다

스승이란 인생에서 방황할 때 지침이 될 만한
방향성을 제시해주는 사람입니다.

행복을 발견하는 사람들에게는 우러르는 사람이 있습니다.

스승이란 인생에서 방황할 때 지침이 될 만한 방향성을 제시해주는 사람입니다.

인생에서 왜 스승이 중요한 지는 등산할 때의 가이드를 생각해보면 잘 알 수 있겠지요.

가이드는 어떤 루트를 택하면 안전한지, 도구는 어떤 것을 준비해야 하는지 등을 가르쳐 줍니다.

그리고 날씨가 변했을 때 어떻게 대처해야 하는지도 판단해 줍니다. 실제 등산이 시작되면 당초에는 생각지도 못했던 해프닝이 연이어 닥칩니다.

가이드는 평상시 많은 체험을 하고 있기 때문에 초조해하지 않습니다. 정확하고 확실하게 당신에게 좋은 답안을 내어 줄 것입니다. 그들은 당신이 걷는 길을 먼저 걸었던 경험이 있기 때문이지요.

가이드가 없다면 당신은 부족한 경험과 감각에만 의지하게 되어 위험한 길로 나아갈지도 모릅니다.

비즈니스나 돈의 세계는 등산 못지 않게 위험이 가득합니다. 돈을 모을 때는 용기, 창의성, 아이디어, 실행력 등 많은 것이 필요하지만 잃을 때에는 아무것도 필요 없습니다. 단 한 순간의 부주의가 실패의 원인이 되어버리기 때문이지요.

행복을 발견하기 위해서는 우러러 보는 사람을 만나야 합니다.

 모든 사람은 자기 운명의 제작자이다.

-R.스틸 〈태플러〉에서-

가장 소중한 것을 찾는다

자신의 인생에서 가장 소중한 것을 깨닫고 그것을 중심으로
인생을 재구성하는 것, 그것이 행복을 발견하는 첫걸음입니다.

인생은 그다지 시간이 많지 않습니다. 자신이 싫어하는 일을 하고 있을 여유가 없습니다. 그러나 자신이 원하는 인생을 살고 있는 사람들은 그리 많지 않습니다.

보통사람들은 주변의 기대에 보답하기 위해 자신과는 다른 누군가가 되어서 인생을 살고 있습니다.

나다운 인생을 살기 위해서는 자신에게 소중한 것을 가장 중요시 여겨야 합니다.

그래서 나답지 않은 것은 놓아버리고 자신이 원하는 것을 손에 넣기 위해 애쓸 필요가 있습니다.

당신의 인생에서 가장 소중한 것은 무엇입니까? 사랑하는 아내, 아이들이 있는 것입니까? 어려울 때 힘을 주는 친구입니까?

그것을 당신은 세상에서 가장 중요하게 다루고 있나요? 자신의 인생에서 가장 소중한 것을 깨닫고 그것을 중심으로 인생을 재구성하는 것, 그것이 행복을 발견하는 첫걸음입니다.

 인간의 운명은 반은 자기 자신 안에, 반은 자신 밖에 놓여있다.

-P. 와일리 〈독사의 세대〉에서-

용기있는 사람이 된다

한 가지라도 떠오른다면 머뭇거리지 말고 지금 당장 시작하십시오.

　보통사람이 행복을 발견하는 사람이 되기 위해서는 이것도 중요한 부분입니다. 비즈니스뿐만 아니라 남녀관계나 예술 분야에서 행복을 발견하는 사람들에게는 모두 공통점이 있습니다. 그것은 용기, 결단력, 행동력이 있다는 것입니다.

　인생에서 새로운 것을 시작하는 것이 두렵기는 그들도 마찬가지입니다. 그러나 두려운 부분을 용기를 갖고 에잇! 하며 뛰어 넘어가는 것이지요.

　'멋있는 사람이야'라고 생각하면서도 상대에게 고백하지 못하고 애태우는 사람이 많이 있습니다. 또한 누군가와 싸우고는 상대에게 사과할까 생각하다가도 그만 귀찮기도 하고 창피하기도해서 그 마음을 전하지 않은 채 우정에 금이 가게 하는 경우도 종종 있습니다.

인생이 영원히 계속되는 일은 없습니다. 5년 후에 당신이 죽는다고 상상해보십시오. 지금 해두지 않으면 죽을 때 반드시 후회할 일이 무엇인지 떠올려보십시오.

한 가지라도 떠오른다면 머뭇거리지 말고 지금 당장 시작하십시오. 인생은 당신이 위험을 무릅쓴 몇 배의 보답을 당신에게 가져다줄 것입니다. 그리하여 당신은 행복을 발견하는 사람이 될 것입니다.

 용기는 당면한 문제를 해결하는데 있다.

-에머슨 〈사회와 고독〉에서-

자신을 발견한다

행복을 발견하기 위해서는 자신을 발견하는 것이 무엇보다 중요합니다.

우리들은 목적지를 발견하면 가능하면 빨리 그곳으로 가려고 합니다. 완행열차보다는 급행, 그것보다 더 빠른 고속철이나 항공을 택하려 합니다. 마치 인생을 서둘러 가는 듯해 보입니다.

보통사람들은 부자가 되는 것을 인생의 목표로 정해버립니다. 그렇지만 행복을 발견하는 사람들은 그곳으로 도달하는 과정을 더 즐기며 처음부터 목적지를 바라보지 않습니다.

행복을 발견하는 사람들의 여행은 자신을 발견하는 길이며 자신의 과거, 또한 부모, 가족의 마음을 치유하는 여행이기도 합니다. 그 길을 가는 도중에 알게 되는 많은 사람과의 인연에 감사하고 즐기는 일로 인생을 풍부하게 해줍니다. 그 연장선상에 행운을 부르는 사람들의 세계가 있는 것입니다.

손에서 놓아 가는 작업이 필요합니다. 애써 노력하지 않아도 여러 가지를 즐겁게 할 수 있어야 비로소 행운을 부르는 사람들의 세계로 통하는 길로 들어섰다고 할 수 있습니다.

그 길을 걷는 것은 매우 가슴 두근거리는 일입니다. 그 길을 걸어보면 일상에서 싫어했던 일도 즐겁게 할 수 있게 됩니다. 그 길을 함께 걷는 동료와 즐거운 시간을 보낼 수도 있고 뛰어난 사람들을 많이 만날 수도 있으며 훌륭한 남녀관계나 우정이라는 꽃도 가득 피어 있기 때문이지요. 그래서 그 길이 행운을 부르는 길이지요.

행복을 발견하기 위해서는 자신을 발견하는 것이 무엇보다 중요합니다.

 자신을 알 수 있는 사람이야말로 진정한 현인다.

-초서 〈캔터버리이야기〉에서-

제11장

행복은 이런 단계로 발견하게 된다

좋아하는 일을 직업으로 삼을 때

정말로 자신이 가장 좋아하는 일을 직업으로 삼고자 결심하고
일하는 사람들은 마음가짐부터가 다릅니다.

　행복을 발견하는 사람이 되기 위해서는 제일 먼저 자신이 가장 좋아하는 일을 찾아서 그것을 직업으로 삼아야 합니다. 자신이 좋아하는 일을 찾았다고 해도 다른 일을 하면서 남는 시간에 조금씩 하는 것만으로는 행복을 발견하는 사람이 될 수 없습니다. 어느 시점에서 정말 좋아하는 일을 인생의 중심부로 옮겨야 합니다. 행복을 발견하는 사람들의 대부분은 "자신이 가장 좋아하는 일을 찾은 후부터 의외로 빨리 진행되었다"고 말합니다.

　행복을 발견하는 사람들이 가장 좋아하는 일을 어떻게 직업으로 삼았을까요? 그들은 자신이 가장 좋아하는 일을 찾으면 그 분야의 성공한 사람에게 접근하여 그 직장으로 들어갑니다. 그런 다음 필요한 것을 하나씩 마스터해나가기 시작합

니다. 가장 좋아하는 일을 직업으로 삼기 위해서는 마스터하지 않으면 안 되는 것이 산처럼 쌓여 있습니다. 그 분야의 프로로서의 노하우, 고객을 모으기 위한 세일즈나 마케팅 방법, 실전에서의 돈의 흐름, 인간관계 등등. 이러한 지식은 실제로 자신이 겪어보지 않으면 알 수 없는 것입니다.

행복을 발견하는 사람들은 일이나 비즈니스에서 성공하기 전에 이미 그 분야에서 성공한 사람들과 함께 일하면서 이러한 노하우를 익혔습니다.

정말로 자신이 가장 좋아하는 일을 직업으로 삼고자 결심하고 일하는 사람들은 마음가짐부터가 다릅니다. 그들은 어떠한 작은 정보라도 결코 놓치는 법 없이 자신만의 노하우로 만들어버립니다. 또한 행복을 발견하는 사람들은 일하는 기간은 "학교에서 공부하는 마음으로 일한다."고 말합니다.

여러 가지를 배우고 경험하기 때문에 하루하루가 즐거워서 어쩔 줄을 몰라 합니다. 수업료를 지불해야 할 판인데 급여를 받고 있으니 자신은 행운아였다고 생각하는 것이지요.

매일 이런 마음으로 일하면 자신이 가장 좋아하는 일과 관련된 다양한 노하우를 마스터하지 못할 리가 없습니다. 이렇게 실전 경험을 쌓은 뒤에 독립을 하는 것이지요. 그리고 실제로 독립하여 사업을 이끌어가다 보면 생각지도 못했던 힘든 일을 만나기도 합니다. 그 때는 지금까지의 다양한 경험과 이전에 만들어놓은 인맥을 동원해서 위기를 넘깁니다. 행운을 부르는 사람들은 이렇게 하여 자신이 가장 좋아하는 일을 직업으로 삼습니다.

자신이 좋아하는 일을 직업으로 삼는 것, 이것이 행복을 발견하는 첫단계입니다.

 너 자신을 아는 것을 너의 일로 삼으라. 그것은 세상에서 가장 어려운 교훈이다.

-세르반데스 〈동기호테〉에서-

시대의 흐름을 안다

시대의 흐름을 타면 크게 노력하지 않아도 쉽게 성공할 수 있습니다.

 자신이 좋아하는 일을 직업으로 삼은 다음 행복을 발견하는 사람이 되기 위해서는 사회가 어떤 구조로 움직이고 있는가, 돈의 흐름은 어떻게 되고 있는가를 세세하게 배워야 합니다. 그 때문에 쓸데없이 먼 길을 돌아가서는 안 됩니다. 같은 세대의 사람이 세파에 시달리고 혼란을 겪으며 자기 자신을 찾느라 시간을 보낼 때 그들은 자신이 좋아하는 일에 모든 에너지를 집중해야 합니다. 그래야 행복하고 풍요로운 인생을 보내는 것이지요.

 19세기 무렵부터 지금까지 세상은 크게 변해왔습니다. 예를 들면 산업혁명 이전에는 농업이 산업의 중심이었기 때문에 토지를 갖고 있는 자가 가장 부자였습니다.

 그 당시는 소유하고 있는 농지에서 수확한 곡물이나 작물의 양으로 부를 측정했지요.

그러나 산업혁명 이후 산업의 중심이 공업으로 바뀌자 공장이나 생산 설비를 갖고 있는 자가 부를 독점했습니다. 1950년대 이후에는 물류 시대가 시작되어 물류나 소비를 장악한 상사, 슈퍼 등 대기업이 발전했지요. 앞으로 어떤 시대가 올까요? 앞으로의 시대는 부(富)가 사물에서 눈에 보이지 않는 것으로 옮겨가겠지요. 정보나 생명의 시대가 오고 있습니다. 시대의 흐름을 타면 크게 노력하지 않아도 쉽게 성공할 수 있습니다.

 성공은 수고의 대가라는 것을 기억하라.

-소포클레스 〈엘렉트라〉에서-

사회 구조를 안다

현대 사회에서 풍요로워질 수 있는지 또는 풍요로워질 수 없는지를
이해하는 것이 중요합니다.

 행복을 발견하는 사람이 되기 위해서는 세 번째 단계로 사회 구조를 아는 것입니다. 무엇을 어떻게 하면 현대 사회에서 풍요로워질 수 있는지 또는 풍요로워질 수 없는지를 이해하는 것이 중요합니다.

 현대 사회의 구조를 어떻게 이해하는가에 따라 당신이 부자가 될지, 자신이 싫어하는 일을 하면서 월급쟁이로 살지가 결정됩니다. 예를 들면 행복을 발견하는 사람들은 세상에는 자유인과 비자유인이 있다는 것을 어려서부터 들어 알고 있습니다. 비자유인은 싫으면서도 일을 하고 있습니다. 자유인은 일을 하지 않아도 생활이 가능할 정도의 기반을 갖고 좋아하는 일을 하면서 살아갑니다.

 성공은 결코 책망받지 않는다. ―F. 풀러 〈금언집〉에서―

돈을 열심히 번다

많이 버는 것은 많이 베푸는 것입니다. 서비스를 제공하면 그 질과 양에 대한 보수가 따라옵니다.

행복을 발견하는 사람이 되기 위해서는 돈을 다음 단계로 벌어야 합니다.

요즘 세상에서 돈을 버는 방법은 여러 가지가 있습니다. 의사나 변호사 등 시간당 단가가 높은 직업도 있으며 회사의 주주에게 투자하여 이익 배당금을 받는 방법도 있습니다. 또한 자신이 가게를 운영해 손님을 기쁘게 해주고 그 대가로 돈을 버는 방법도 있습니다.

그런데 반드시 명심해야 할 점은 각각의 벌이가 전혀 다른 룰을 갖고 있다는 것입니다. 의사가 되는 코스와 엘리트 샐러리맨이 되는 코스에서는 성공의 룰이 다릅니다. 같은 대기업에서도 광고대리점과 은행에서 출세하기 위한 방법이 전혀 다릅니다. 짧은 인생에서 모든 룰을 마스터할 시간은 없습니다.

 행복을 발견하는 데 모든 룰을 알아야 할 필요도 없습니다. 하지만 어떤 세계가 즐거워 보인다든지 자신과 맞을 것 같은 분야가 어디인지는 반드시 결정해야 합니다. 자신이 잘할 수 있고 즐길 수 있는 곳에서 승부를 걸지 않으면 성공은 어렵기 때문입니다.

 자신이 의사로 성공할 만한 성격과 일 처리 방식을 지녔음에도 샐러리맨의 길을 간다면 성공하기는 어렵겠지요. 자신이 일할 분야를 정했으면 그 일을 마음으로부터 즐겨야 합니다. 그렇게 해야만 쉽게 성공할 수 있습니다. 어떤 직업이라도 성공의 길은 있습니다. 어떤 직업에서도 자신이 알아두어야 할 벌이에 관한 중요 사항은 하나입니다.

 많이 버는 것은 많이 베푸는 것입니다. 서비스를 제공하면 그 질과 양에 대한 보수가 따라옵니다. 비틀즈는 온 세계에 그들의 음악을 통하여 감동과 만족을 베풀었습니다. 그래서 그룹이 해산된 지 몇 년이 지났는데도 아직까지 막대한 보수가 들어옵니다.

 인생은 성공 속에서만 산다.

-B.테일러 〈앨런의 구애〉에서-

돈을 생산적으로 쓴다

생산적인 돈이란 장래 살아서 돌아올 돈을 말합니다.

행복을 발견하기 위해서는 다섯 번째 단계로 돈을 생산적으로 쓰는 것입니다. 돈을 많이 모았다고 해서 저절로 부자가 되지는 않습니다. 많이 버는 사람일수록 쓰는 금액도 커지기 때문이지요. 부자가 되는 것은 얼마나 버는 가와는 관계가 없습니다. 얼마나 수중에 남는가가 중요하지요.

부자가 될 사람은 돈의 씀씀이가 능숙합니다. 반대로 가난한 사람은 돈의 씀씀이가 서투릅니다. 돈을 쓴다는 것은 소비 아니면 투자를 말합니다. 예를 들어 당신 수중에 1백 불이 있다고 합시다. 그 1백 불을 양복을 사는 데 쓰면 소비이고 주식을 사는 데 쓰면 투자인 것입니다.

생산적인 돈이란 장래 살아서 돌아올 돈을 말합니다. 자기 인생의 가능성을 열어줄 것 같은 여행도 그러합니다. 훌륭한 세미나나 책, 통신 교육이나 테이프 등도 생산적인 돈이 되겠지요.

거꾸로 죽은 돈이란 쓸데없는 것을 사버린다거나 도와준 답시고 되레 상대방을 곤란하게 만드는 돈을 말합니다.

행복을 발견하는 사람들은 젊어서부터 이 돈의 씀씀이에 최대한 신경을 기울입니다. 돈은 변덕스러우며 살아 있는 것이기 때문이지요. 좋은 돈은 친구를 데리고 돌아오기도 합니다. 그러나 나쁜 돈은 친구를 유혹하여 지갑에서 나가버리고 맙니다.

돈과 인연이 없는 사람은 이 두 가지가 같다고 생각합니다. 행복을 발견하는 사람들은 그 차이를 잘 알고 있습니다. 필요한 것이란 생활해 가는 동안에 필수 불가결한 것, 원하는 것이란 없어도 생활하는 데는 지장이 없는 것을 말합니다. 많은 사람들은 원하는 것이 필요한 것이라고 잘못 생각하고 있습니다. 그래서 그것이 없으면 안 된다고 자신이나 가족이 믿게 만든 다음 그것을 삽니다. 이 세상은 구매 욕구에 대한 유혹이 굉장히 많습니다.

 인간은 지는 해보다 떠오르는 해를 존경한다.

-G.채프먼 〈알폰수스〉에서-

돈을 지키는 방법을 안다

돈은 어려움투성이다. 쉬운 것은 단 하나뿐이다.
그것은 바로 돈을 잃어버리는 것이다.

 돈을 버는 방법과 돈을 현명하게 사용하는 방법을 마스터했다면 그 다음은 돈을 지키는 방법이 필요합니다.
 돈을 지킨다는 것은 무엇을 의미하는 것일까요? 그들은 순조롭게 부를 키워온 것은 아닙니다. 반드시 커다란 조수의 간만을 경험했습니다. 일생 동안 계속 벌기만 하는 것도 아닙니다. 한때는 벌지만 여러 가지 일이 생겨 돈은 눈 깜짝할 사이에 모습을 감추어 버리기도 합니다. 대부호 중에는 파산 직전까지 갔던 사람도 많이 있습니다. 많이 벌어서 그 돈을 현명하게 쓴다고 해도 굳건하게 지키지 못하면 부자의 세계에 도달할 수 없습니다.
 많은 돈을 버는 대 스타나 스포츠 선수가 파산했다는 뉴스를 접한 적이 있을 것입니다. 그들은 돈을 지나치게 많이 썼기 때문에 파산하는 것이 아닙니다.

지키는 것을 소홀히 해서 위험한 투자를 하거나 보증을 서 주거나 하여 하룻밤에 재산 모두를 잃어버리는 것이지요. 모처럼 벌어 잘 쓴 다음, 남아 있는 돈마저 여러 가지 이유로 도망을 가버립니다.

돈을 잘 버는 경영인에게는 쓰는 데 천부적인 재능을 가진 배우자가 있습니다. 또한 친구, 가족, 세무서, 사기꾼, 투자 요구, 기부 신청 등 온갖 세력이 당신의 돈을 노리며 다가옵니다. 거기에 어떻게 대처할 것인지 알지 못하면 행운을 부르는 사람으로 가는 여행은 이 정도에서 끝내야 할 것입니다.

저명한 경영컨설턴트 브라이언 트레이시는 재미있는 말을 했습니다. "돈은 어려움투성이다. 쉬운 것은 단 하나뿐이다. 그것은 바로 돈을 잃어버리는 것이다."

행복을 발견하기 위해서는 여섯 번째 단계로 돈을 지키는 것입니다.

 만족하게 살고, 때로는 웃으며 많이 사랑한 사람이 성공했다.
-A.J. 스탠리부인 〈성공을 이루는 것〉에서-

돈을 불린다

돈에는 재미있는 법칙이 있습니다.
즉 돈은 물과 같아서 흐름을 따라서 이동한다는 것이지요.

 돈을 불린다는 것은 투자를 의미하지만 여기에는 여러 가지 지식이 필요합니다.
 비즈니스에서 성공하고 생산적인 돈을 사용하며 굳건하게 지킨다 하여도 그것만으로는 행운을 부르는 사람이 될 수 없습니다. 돈을 불리는 것이 필요합니다.
 사업체의 오너가 되면 돈을 모으는 시스템이나 종업원이 돈을 벌어다 줌으로써 돈을 얻게 됩니다. 투자자는 자신의 돈이 일하게 만들어 돈을 법니다. 돈은 아무런 불평 없이 24시간 움직여주지요. 사업에서의 성공과 투자에서의 성공 둘 다 동시에 가능하다면 그 사람은 부자가 되는 것은 시간문제입니다.
 돈은 당신이 있는 곳으로 우르르 한꺼번에 흘러 들어오니

이제부터 즐기기만 하면 되는 것이지요. 당신은 세계 어디에도 갈 수 있습니다. 말 그대로 자고 있어도 돈이 당신의 은행 계좌로 계속해서 들어오는 상태가 됩니다.

돈에는 재미있는 법칙이 있습니다. 즉 돈은 물과 같아서 흐름을 따라서 이동한다는 것이지요.

돈은 많이 모이는 곳으로 이동하게끔 되어 있습니다. 또한 너무 많이 모이면 거기에서 단숨에 다른 곳으로 흘러나가 버리는 성질도 있습니다.

행복을 발견하기 위해서는 돈을 불릴 줄 알아야 합니다.

 기다릴 줄 아는 것이 성공의 제1의 비결이다.

-J.M.D. 매스트르 〈프랑스의 고찰〉에서-

받아들인다

받아들인다는 것은 생각보다 어렵습니다. 왜냐하면
'일하지 않는 자 먹지도 말라'는 노동 윤리가 방해를 하기 때문이지요.

행복을 발견하는 사람이 되기 위한 다음 단계는 받아들이는 것입니다. 받아들인다는 것은 생각보다 어렵습니다. 왜냐하면 '일하지 않는 자 먹지도 말라'는 노동 윤리가 방해를 하기 때문이지요. 정말로 풍요로운 상태란 주어진 것만 받아들이는 것입니다.

집에 야채밭이 있거나 정원에 과일이 열리는 나무가 있는 사람은 이 말을 실감할 것입니다. 아주 작은 공간만 있어도 야채나 과일은 그 가족이 다 먹지 못할 만큼 생깁니다. 하지만 그것을 벌었다고 생각하는 사람은 없겠지요. 아무것도 하지 않았는데 저절로 열매 맺은 것입니다.

물론 수확률을 높이려면 여러 번 손이 가야 합니다. 그러나 전혀 보살펴주지 않아도 스스로 자라나는 것이 있습니다.

보통사람들은 이러한 개념에서 감각이 떨어집니다.

무언가 생산적인 일을 하지 않으면 생활할 수 없다고 믿는 것이지요.

행복을 발견하는 부의 형태는 바로 이것을 받아들이는 것입니다. 비즈니스의 경우도 마찬가지지요.

신규 고객을 확보하려면 무작정 뛰어드는 굉장히 험난한 영업 활동을 해야 한다는 것이 보통사람의 생각입니다. 하지만 가장 편하고 간단한 방법은 지금 거래하는 고객에게 새로운 고객을 소개받는 것입니다. 이 소개가 비즈니스에서의 받아들임입니다.

주식투자 세계의 경우 데이트레이더는 단기에 주식을 사고 팔면서 돈을 벌기도 합니다. 하지만 받아들인다는 것은 버퍼처럼 좋은 종목을 산 후 진득하게 기다리는 것을 말합니다. 처음엔 투자 금액이 아주 소액이었지만 20년 후에는 막대한 금액이 되어 있을 것입니다. 이것이 받아들임의 세계입니다.

 자기 신뢰가 성공의 제1의 비결이다.

-에머슨 〈사회와 고독〉에서-

맛보고 감사한다

돈이 아무리 많아도 맛보지 않으면 없는 것과 같습니다.

돈이 아무리 많아도 맛보지 않으면 없는 것과 같습니다.

맛보고 감사하는 것. 이 두 가지로 인해 행복을 발견하는 단계가 완결됩니다. 그렇지만 이것도 실제로 잘해나가기가 쉽지 않습니다.

당신 주위에도 이런 사람이 있을 것입니다. 선물을 주는 것은 좋아하지만 받는 것은 어색해하고 불편해하는 사람, 이런 사람은 선물을 받은 그 다음날 벌써 답례의 선물을 준비하기도 합니다. 선물을 호의로 받아들이면 아무런 문제가 없겠지만 때때로 창피하다거나 미안해하는 마음에서 답례를 하기 때문에 문제가 되는 것이지요.

이 '감사하고 맛본다.' 라는 원칙은 인맥을 만들어준다는 점에서도 대단히 중요합니다. 예를 들면 누군가 정보를 전해

주거나 사람을 소개했을 때 매우 기뻐하는 사람이 있는가 하면 그렇지 않은 사람도 있습니다.

대부분의 사람들은 보통 무언가 새로운 것을 전할 때에는 듣는 사람이 이상하게 받아들이지나 않을까 하는 약간의 불안감을 안고 있습니다. 그런데 전해들은 상대방이 마음으로 기뻐하고 감사하게 생각한다면 '다행이야. 재미있는 게 있으면 또 이 사람에게 알려줘야지!'라고 생각하는 것이 인지상정이지요. 이렇듯 감사하고, 맛을 잘 볼 줄 아는 사람에게 정보나 사람이 모여드는 것입니다. 그리하여 행복을 발견하게 되지요.

 즉석의 감사는 가장 유쾌하다. 지체하면 감사가 헛되고, 그 명목의 가치가 없다.

-작가 미상 〈그리스 서화집〉에서-

자신도 부자가 될 수 있다고 믿는다

믿기만 하면 아무것도 하지 않아도 된다는 뜻은 아닙니다.
할 수 있는 모든 것을 다해놓고 하늘의 뜻을 기다린다는 뜻입니다.

행복을 발견하기 위해서는 돈의 흐름을 알고 자신이 부자가 될 수 있음을 믿는 것입니다.

돈은 모든 자연 현상과 마찬가지로 파도를 동반합니다. 이를테면 금전운이라고 있는데 금전운이 확실히 존재한다고 믿습니다. 단, 평생 동안 계속 금전운에 둘러쌓여 있는 사람은 한 사람도 없습니다. 금전운이 있는 사람도 단지 주기적으로 조수가 밀려왔다 밀려가는 것처럼 변할 따름입니다. 그 흐름을 꽉 붙잡느냐 못 잡느냐로 금전운이 따르느냐 아니냐가 정해지는 것입니다.

돈에 대해 거부감을 가지지 않아야 금전운이 따릅니다. 예를 들면 주식으로 손해를 본 거의 대부분의 사람은 주가가 조금만 내려도 불안한 마음에 팔아버리고 맙니다. 그리고 수년

후 그 주식은 오름세를 타 눈 깜짝할 사이에 비싼 값으로 신고가를 형성하곤 하지요. 비즈니스 또한 마찬가지입니다.

조금만 더 노력하면, 한 번만 더 노력하면 계약을 딸 수 있는데도 다시 한 번 고객에게 다가가는 일을 포기해 버립니다. 그러면 같은 상품을 다른 세일즈맨이 팔러 가고 고객은 한 번 보고는 그 사람에게서 그 물건을 사버리곤 합니다. 누구든지 '점원이나 세일즈맨이 한 번만 더 권했으면 샀을 텐데'라고 생각했던 적이 있을 것입니다.

'돈을 벌 수 있는 기회가 반드시 찾아온다.'는 것을 믿느냐 믿지 않느냐가 금전운이 따르는 사람들의 세계로 갈 수 있는지 없는지를 판가름합니다.

믿기만 하면 아무것도 하지 않아도 된다는 뜻은 아닙니다. 할 수 있는 모든 것을 다 해놓고 하늘의 뜻을 기다린다는 뜻입니다.

많은 사람들은 너무나 바쁩니다. 그래서 행복이 당신을 찾아와도 바빠서 자리를 비웠다고 말해서는 안 됩니다.

 성실은 유리이고, 신중은 다이아몬드이다.

-A. 모르와 〈어린 소녀에 대한 충고〉에서-

서로 나눈다

바치는 것 곧, 기부한다는 것은 자신에게는 필요 이상의
풍요로움이 흐르고 있다는 것을 확인하는 작업이기도 합니다.

행복을 발견하는 사람들이 되기 위해서는 서로 나누는 사람이 되어야 합니다. 왜냐하면 돈의 흐름이 안끊어지기 때문이지요. 그리고 다가오는 돈의 물줄기를 어디서 어떻게 풀어놓을 지에 대해 관심을 기울여야 합니다. 실수로 엉뚱한 곳을 막아버리면 자신이 있는 곳으로 물이 넘쳐흘러 들어와 엉망진창이 되어 버립니다.

빈곤 의식으로 가득한 사람은 어떻게 해서든 그 물줄기를 막아 자신이 있는 곳에서 멈추게 하고 싶어합니다. 그러나 그것은 자연의 흐름에 반하는 행동입니다. 그래서 자산가이면서 돈과 건강하게 교제하고 있지 않은 사람은 병에 걸리는 일이 많은 것 같습니다.

돈의 흐름은 거대한 강의 흐름과 같습니다. 잘 흘러가도록

놔두면 그 흐름은 점점 커집니다. 그래서 행복을 발견하는 사람은 그 흐름을 막으려 하기보다는 깨끗하게 흐르게 하는 것이 더 중요하다고 깨달은 것입니다.

이 나눔의 역사는 아주 오래 된 것으로 2,000년 전에 쓰여진 성경책에 수입의 10분의 1은 하나님에게 바치라고 기록되어 있는 것을 보아도 알 수 있습니다.

바치는 것 곧, 기부한다는 것은 자신에게는 필요 이상의 풍요로움이 흐르고 있다는 것을 확인하는 작업이기도 합니다. 그 행위는 잠재의식 중에 번영 의식을 만들어 냅니다. 돈을 많이 번 다음에 기부하겠다는 태도는 자신은 가난하다고 선언하는 것과 같습니다. 그들은 현실에서 스스로 빈곤을 만들어내는 사람들입니다.

 마음은 이성이 전혀 모르는 그 나름의 이유를 가지고 있다.

-B. 파스칼 〈유혹〉에서-

비즈니스를 소유한다

비즈니스의 기본 원칙도 모르면서 비즈니스를 시작하는 것은
전속력으로 실패의 길로 달려가는 것과 같습니다.

행복을 발견하는 사람이 되기 위해서는 돈벌이가 되는 비즈니스를 소유하는 것이 지름길입니다.

비즈니스를 하는 사람과 비즈니스 오너의 차이는 무엇일까요? 이 차이는 당신이 내일부터 6개월간 호화 여객선을 타고 세계일주 여행을 떠난 뒤 당신의 비즈니스가 어떻게 되었는지를 보면 알 수 있습니다.

비즈니스를 하는 사람은 여행에서 돌아왔을 때 자신의 비즈니스가 망해버린 것에 대해 망연자실하겠지요. 당신의 거래처는 벌써 다른 거래처로 신발을 바꿔 신고는 당신을 기억조차 못할지도 모릅니다.

한편 비즈니스 오너는 돌아왔을 때 마중 나온 운전사와 매니저에게 이렇게 물을 것입니다. '별일 없었나?' 그러면 그

들은 '네. 별일 없었습니다. 평상시와 같았습니다.' 라고 대답할 것입니다. 그럼 '수고했네' 라고 말한 뒤 마중 나온 자동차의 뒷 좌석에 앉으면 됩니다.

비즈니스 오너가 되기 위해서는 비즈니스를 마스터해야 합니다. 비즈니스를 마스터하려면 어떻게 하는 게 좋을까요?

한마디로 비즈니스의 기본원칙을 마스터하는 것입니다.

보통 사람들이 독립해서 비즈니스를 하겠다고 하면 많은 사람들이 터무니없어 할 것입니다. 보통 사람들에게는 비즈니스를 하는 사람이 자신이 자주 접하는 가게 주인의 이미지로 밖에 떠오르지 않기 때문입니다. 지금까지 독립해서 비즈니스에 대해 아무것도 모르면서 독립하려는 사람이 많은 것에 놀랐습니다. 비즈니스의 기본 원칙도 모르면서 비즈니스를 시작하는 것은 전속력으로 실패의 길로 달려가는 것과 같습니다.

 인생은 언제 어디서나, 공적이든 사적이든 의무를 면할 수는 없다.

-키케로 〈의무론〉에서-

좋아하는 일을 비지니스로 삼는다

좋아하는 일을 직업으로 삼아 돈을 벌 수는 있습니다.
그렇지만 하던 일을 그만둬버리면 돈은 더 이상 들어오지 않습니다.

좋아하는 일을 직업으로 삼아 돈을 벌 수는 있습니다. 그렇지만 하던 일을 그만둬버리면 돈은 더 이상 들어오지 않습니다.

비즈니스 하는 사람에게 몇 달 동안 해외여행을 가거나 아이와 아침부터 밤까지 논다는 것은 생각할 수도 없습니다.

행복을 발견하는 사람들은 좋아하는 일을 자신이 없어도 돌아갈 수 있는 비즈니스로 전환하고 있습니다. 더 큰 차이는 일을 하고 안하고를 마음대로 정할 수 있다는 것이지요.

행복을 발견하는 사람들은 비즈니스를 마음이 내킬 때 자신이 가장 좋아하는 일로 즐길 수 있게끔 만들어놓습니다.

좋아하는 일을 자신이 그곳에 없더라도 돌아가는 비즈니스로 만들기 위해서는 어떻게 하면 좋을까요?

우선 자신이 지금까지 해왔던 일을 자신이 없어도 돌아가는 체제로 바꾸는 것입니다. 예를 들어서 노래 부르는 것을 좋아하고 지금까지 스테이지에서 노래를 불러 돈을 벌었다면 자신의 노래를 CD로 만들어 판매하면 비즈니스가 됩니다. 컴퓨터에 능하여, 컴퓨터 교실의 교사로 컴퓨터 사용법을 가르치고 돈을 벌어왔다면 자신을 대신할 수 있는 사람을 고용하여 교육시켜 자신이 없어도 교실을 운영할 수 있게 만들어 놓으면 그 일 또한 비즈니스가 됩니다. 이처럼 좋아하는 일을 자신이 없어도 돌아가는 구조로 만들어 놓음으로써 당신은 하고 싶을 때 원하는 만큼 노래하거나 컴퓨터를 가르치거나 하는 것이 가능해집니다.

 의무가 율법이 되면 즐거움은 사라진다.

-실러 〈잘 노는 아이〉에서-

인간 심리를 배운다

인간을 깊이 알게 되면 서로의 신뢰도 깊어지고 보다
친밀한 관계를 쌓는 것이 가능해집니다.
그래서 행복을 발견하는 사람들은 인간관계의 달인이기도 합니다.

사람이 어떻게 행동하는지를 체계적으로 정리하고 있는 학문이 심리학입니다. 말하자면 사람이 행동하는 동기를 아는 것, 즉 어떻게 그런 행동을 하게 되는가를 연구하는 학문이지요.

행동심리학을 남용하면 사람을 쉽게 컨트롤 할 수 있게 되므로 조심하지 않으면 안 되겠지요. 그 사람의 의식에 반하여 무언가를 시키게 되면 반드시 즉각적인 보복이 돌아오기 때문입니다.

행복을 발견하는 사람들은 이러한 지식을 갖고 있으며 활용법 또한 알고 있습니다.

상대가 원하는 것을 꼭 맞추어주거나 자기 스스로에게 동기를 부여하는 데 이용하고 있지요.

또한 인간관계를 부드럽게 하기 위해서는 인간관계의 심리학을 마스터할 필요가 있습니다.

행복한 남녀 관계를 유지하려면 남녀 관계의 심리학을 배우면 좋겠지요. 행동심리학은 상대방을 설득하는 방법을 연구하는 학문이 아니라 성숙한 어른으로서 존경심을 갖고 서로의 커뮤니케이션을 전달하는 방법을 연구하는 학문입니다.

인간을 깊이 알게 되면 서로의 신뢰도 깊어지고 보다 친밀한 관계를 쌓는 것이 가능해집니다. 그래서 행복을 발견하는 사람들은 인간관계의 달인이기도 합니다.

행복을 발견하는 사람들은 사람을 아주 좋아하며 자유롭게 사랑을 나눌 수 있기 때문에 훌륭한 파트너십과 우정을 유지할 수 있으며 함께 일하는 직원이나 거래처로부터 신뢰를 받을 수 있는 것입니다.

 의무의 이행이 없으면 성장이 없다.

-생떽쥐베리 〈아리스토의 미행〉에서-

재능과 풍요로움을 서로 나눈다

자신의 재능과 그 재능이 가져다 준 풍요로움을 나누어 가질때
행복을 느끼게 되고 또한 더 큰 행복을 발견하기 때문입니다.

 행복을 발견하는 사람이 되기 위해서는 마지막으로 자신의 재능과 풍요로움을 서로 나눠 가져야 합니다. 이 말은 행운을 부르는 사람이 되기 위해서는 자신이 가진 것을 서로 나누어 갖는 사람이 되어야 한다는 것입니다. 여기서 많은 사람들은 무언가를 주면 된다고 오해를 해버립니다. 부자가 기부하는 의미를 잘못 받아들이고 있는 것이지요. 그들에게 기부는 사회가 자신에게 일시적으로 맡겨놓은 부를 그에 적합한 곳으로 돌려놓는 것에 지나지 않습니다.
 인생에서 즐거운 것을 생각해봅시다.
 '인생에서 최고로 즐거웠던 때는 어느 때입니까?'라고 물었을 때 '통근 전철 속에 있을 때'라고 말하는 사람은 한 사람도 없을 것입니다. 가족이나 친구와 보내는 시간을 최우선

으로 꼽을 것입니다. 마음으로 사랑하고 사랑 받는 사람과 함께라면 강가를 걷는 것을 꼽을 것입니다. 왜 그럴까요? 그것은 함께 하는 시간과 공간을 서로 나누고 있는 시간이 소중하기 때문이지요.

아무리 맛있는 풀코스 디너도 혼자 먹으면 맛이 없습니다. 그보다는 주먹밥을 친구와 와자지껄하게 나누어 먹는 편이 훨씬 더 즐겁겠지요.

미국에서 제일가는 부자 빌 게이츠와 두 번째 부자 워렌 버핏은 전 재산의 대부분을 재단으로 만들어 사회에 환원할 것을 표명하여 그것을 실천하고 있습니다. 그리고 CNN의 테드 터너 또한 국제연합에 1,000억 불이나 되는 돈을 기부해 빅 뉴스가 되기도 했습니다.

그들은 자신이 얻은 재산을 자신이 마음대로 써도 좋다고 생각하지 않는 것 같습니다. 자신의 재능을 서로 나누었던 대가로 사회로부터 돈의 관리를 위탁받았다고 생각하고 있는 것입니다.

미국의 많은 대학은 큰 부자가 낸 기부금을 기초로 하여 만들어졌습니다. 시카고 대학은 록펠러, 스탠퍼드 대학은 스탠퍼드가 막대한 금액을 기부하여 그 기초를 쌓았습니다. 또한 카네기재단, 록펠러 재단, 포드 재단 등의 이름을 들어보지 못한 사람은 없겠지요.

이것들은 모두 가진 사람들이 자신의 풍요로움을 나누며 갖는 것을 의미합니다.
  이렇게 자신의 재능과 그 재능이 가져다 준 풍요로움을 나누어 가질 때 행복을 느끼게 되고 또한 더 큰 행복을 발견하기 때문입니다.

 인생은 제한없는 특권이며, 너가 너의 차표값을 치르고 차에 오를 때, 너는 얼마나 좋은 동료를 거기서 찾을지 짐작할 수는 없다.

-에머슨 〈처세론〉에서-

에필로그 : 자신이 가진 것을 모두 걸어라

 보통 사람들은 종종 열정을 쏟는 것을 두려워합니다. 열정은 종종 우리를 상처받기 쉬운 사람으로 만들고 주저하게 만듭니다. 너무나 자주 우리는 삶에서 가장 좋아하는 것을 추구하며 노력했는데도 큰 상처를 입는 경우가 많습니다.

 그러나 행복을 발견하기 위해서는 삶에서 가장 좋아하는 것에 열정을 쏟아야 합니다.

 보통 사람들은 생계를 유지하기 위해서는 자신이 좋아하고 진정으로 원하는 것과는 상관없는 다른 일도 해야 된다고 생각합니다.

 손재주가 뛰어난 사람이 있었습니다. 기계를 분해하고 재결합하는 남다른 능력이 뛰어난 사람이었습니다. 그런데 그는 고등학교 졸업 때 그런 재주를 발휘할 생각을 포기했습니다. 그 이유는 손으로 하는 일로는 돈을 많이 못 번다는 거였습니다. 그는 대학에 진학하여 회계사가 되었지만 참으로 만족을 느끼지 못하면서 생활하고 있습니다. 그는 기술과 관련된 일을 할 수도 있었고, 기술자가 될 수 있었는데도 그 길을 포기한 것입니다.

그러나 행복을 발견하는 사람이 되기 위해서는 생계를 위해서 또는 어떤 이유로라도 자신이 좋아하는 일을 포기하지 않고 그 일에 자신의 열정과 혼신의 힘을 쏟아야 합니다. 그렇게 해야 행운이 옵니다.

꿈을 향해 앞으로 나아가다가 실패했을 때도 행운을 부르는 사람이 되기 위해서는 적극적이고 활기찬 마음과 영혼의 귀중한 연결고리를 잃어버려서는 안 됩니다. 그리고 자신을 보호하기 위해 스스로 마음의 문을 닫는 일은 결코 해서는 안 됩니다.

행복을 발견하는 사람이 되기 위해서는 자신이 좋아하는 일을 하고 또 그 일에 정성과 열의를 다해야 하며, 그 일에 자신이 가진 모든 것을 걸어야 합니다.

편역자의 말

행복을 발견한 사람은 어떤 사람인가?

우리는 가끔 돈이 많은 부자들을 가리켜 "저 사람은 참 행복해 보인다." "저 부부는 행복한 부부야."라고 말을 한다. 우리가 보기에 아무런 근심 걱정 없고 편안해 보이니 행복한 것처럼 보이기 때문이다.

그런데 사실은 그렇지 않다. 돈이 많고 행복해 보이는 사람이라도 실제는 행복하기보다는 행복이 무엇인지 모르고 살고 있고, 반면에 불행할 것 같은 사람이 웃음과 기쁨이 넘치는 생활을 하며 늘 평안함을 유지하며 여유로운 마음으로 산다.

그런데 그 이유는 무엇일까?

돈이 많아 근심 걱정 없어 보이는 사람은 아직 행복을 찾지 못했고, 반면에 부자는 아니지만 행복을 발견하여 마음으로 행복을 누리며 살기 때문이다.

그런데 행복을 발견한 사람들은 무엇인가 남다른 데가 있다.

 그들은 작은 일에도 감사할 줄 알며, 어떤 어려움이 닥쳐도 실망하지 않고 긍정적으로 생각하고 밝은 미래를 볼 줄 알고, 또한 남을 배려할 줄 아는 여유로운 마음으로 살아간다.

 행복을 발견한 사람들은 지나친 욕심에 얽매이지 않으며 자신이 좋아하는 일을 하고 불만불평보다는 항상 감사하고 즐거운 마음으로 긍정적으로 생각하고 잇다. 그러므로 그들은 만나는 사람들을 기쁘게 하며 그들이 옆에 있으면 무엇이든 즐거운 일이 생길 것 같은 생각을 하게 한다.

 본서의 저자 중 한 사람인 베네트 여사는 진정으로 행복하고 행복을 찾은 사람들의 자세가 어떤 것인지 담담하게 우리에게 제시해주고 있다.

 독자들은 본서를 통해서 진정한 행복을 발견하여 험난한 세상을 여유롭고 행복하게 살기를 바라는 마음 간절하다.

2012년 봄 편역자

나를 기다리는 행복

2012년 4월 19일 초판 1쇄 인쇄
2012년 4월 23일 초판 1쇄 발행

지은이 | 아놀드 베네트 외
편역자 | 김주영
발행처 | 경영자료사
편집인 | 추민호
발행인 | 마복남
등 록 : 1967. 9. 14(제1-51호)
주 소 : 서울시 마포구 합정동 359-27
전 화 : (02) 735-3512, 338-6165 / 팩스 : (02) 323-6166

www.kybook.kr / E-mail :bba666@naver.com
ISBN 978-89-88922-60-6   03810

※저자와의 협의에 인지는 붙이지 않으며 저작권법에 의하여 무단 전재 및 복제를 금합니다.
※책값은 표지 뒷면에 표시되어 있습니다.